FELICE SCONSACRATO

BESTEMMIE INTRECCIATE PER ADULTI ARRABBIATI

E MANDA-LA-MADONNA DA COLORARE

Disclaimer

Stai per entrare nel mondo dei **crucipuzzle** più **irriverenti** e piccanti che tu abbia mai incontrato.

Le pagine che stai per sfogliare contengono una serie di enigmi che **non conoscono limiti né censure**.

Le soluzioni potrebbero includere espressioni forti, parole volgari e termini che alcuni potrebbero considerare blasfemi.

Desideriamo sottolineare con la massima chiarezza che l'intento di questo libro non è assolutamente quello di offendere o mancare di rispetto a nessuno.

Le espressioni utilizzate non sono rivolte a persone o gruppi specifici e non mirano a denigrare razze, religioni, generi, orientamenti sessuali, etnie, nazionalità o qualsiasi altra identità o appartenenza.

Il nostro obiettivo è semplicemente quello di offrire un passatempo divertente e insolito per chi ama mettersi alla prova con enigmi fuori dall'ordinario.

Questo libro è un'esplorazione dell'**umorismo senza filtri.**

Se sei una persona sensibile a linguaggi forti o preferisci enigmi più tradizionali e sobri, ti consigliamo di considerare un'altra lettura. Non vogliamo in alcun modo urtare la tua sensibilità o farti sentire a disagio.

Ma se sei un blasfemo, pronto ad affrontare una sfida enigmistica diversa dal solito, con una buona dose di ironia e spirito goliardico, allora questo libro fa per te! Preparati a mettere alla prova la tua mente con crucipuzzle che giocano con le parole in modi inaspettati e irriverenti.

Ricorda: **prendilo con leggerezza e senso dell'umorismo**.

Le parole sono solo parole, e in questo contesto servono a intrattenere e divertire, non a offendere.

Speriamo che tu possa apprezzare lo spirito con cui è stato realizzato questo libro e che ti diverta a risolvere questi enigmi tanto quanto noi ci siamo divertiti a crearli.

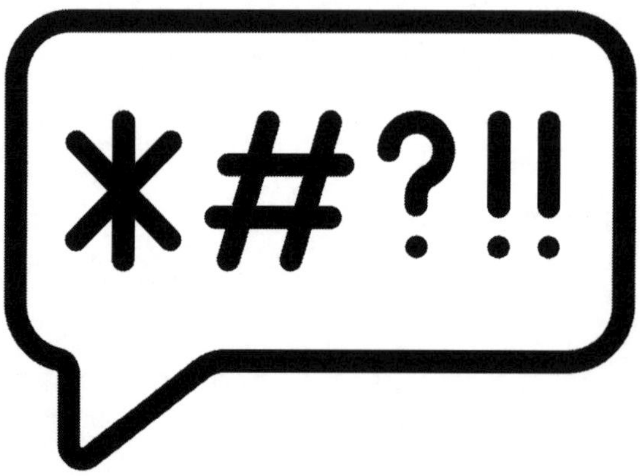

Istruzioni per l'uso

Preparati psicologicamente: Prendi un bel respiro e accetta che passerai i prossimi minuti (o ore) a fissare un mucchio di lettere casuali. Puoi Bestemmiare a modo tuo tutto le volte che vuoi!

Studia la lista delle parole: Dai un'occhiata alle parole che devi trovare. Se vedi termini come "pneumoultramicroscopicosilicovulcanoconiosi", potresti voler bestemmiare, ma non sarà così...cioè sarà così ma non proprio così...

Non fidarti delle lettere: Sono subdole e si nascondono in ogni direzione: orizzontale, verticale, diagonale e persino al contrario. Sì, come le bestemmie, se non stai attento arrivano da tutte le parti

Pausa caffè obbligatoria: Quando le lettere iniziano a ballare il tango davanti ai tuoi occhi, è il momento di una pausa. O forse di un controllo della vista. Oppure puoi bestemmiare!

Non temere di barare un po': Se proprio non trovi una parola, chiama un amico, un parente o il tuo vicino di casa...evita i preti...

Concludi con gloria: Una volta trovate tutte le parole, alza il wordsearch al cielo e proclama la tua vittoria. Ignora gli sguardi strani degli astanti e leggile tutte ad alta voce!

Ricorda la morale: Se sei riuscito a sopravvivere a questo mare di lettere confuse, puoi affrontare qualsiasi cosa, chiaramente bestemmiando!

Non prendere tutto troppo sul serio: Alla fine, è solo un gioco. Se inizi a sognare lettere che ti inseguono, forse è il momento di bestemmiare

Bestemmiare non nuoce gravemente alla salute, fallo e rifallo

Cerca...trova...e bestemmia!

1.Il Signore Iddio

F	O	L	I	F	T	E	U	O	M	A	I	I	L
B	O	I	A	D	R	I	L	L	A	D	R	O	O
L	A	N	N	O	A	E	N	F	A	R	A	S	L
P	O	R	C	O	N	P	E	F	B	I	R	C	E
A	O	N	I	P	E	E	M	L	A	T	D	E	R
N	L	S	E	S	C	I	A	B	U	M	O	O	C
T	A	O	U	C	A	O	L	M	O	R	E	C	I
T	A	C	D	H	H	E	E	A	F	N	I	E	O
O	D	O	O	I	P	I	D	I	E	A	I	D	E
O	C	A	C	F	O	B	E	A	T	L	R	N	O
E	N	O	A	O	O	C	T	L	E	T	N	O	O
L	P	U	N	S	A	A	T	E	N	I	L	M	L
I	E	L	E	O	O	A	O	T	T	I	I	E	T
E	O	T	A	D	O	F	E	S	E	I	S	N	I

Porco	Cane	Boia	Fetente
Ladro	Lurido	Maiale	Bonino
Schifoso	Infame	Lercio	Maledetto

2. La Madonna

I	A	G	A	U	A	N	O	T	T	A	B	A	T
C	A	G	A	M	I	N	C	H	I	A	E	T	A
A	D	F	S	A	H	C	A	G	N	C	C	A	S
F	M	A	N	N	A	I	A	O	I	R	N	R	U
I	I	N	A	A	A	C	D	R	N	I	T	B	C
G	I	P	I	T	F	C	T	A	N	R	C	B	C
A	P	U	C	T	L	E	A	B	I	F	E	A	H
D	O	C	N	S	R	A	A	G	E	F	A	L	I
I	A	I	C	E	A	A	A	A	N	C	A	S	A
L	B	I	M	E	B	A	U	O	A	A	F	G	P
E	A	D	I	R	U	L	U	E	E	I	O	A	A
G	A	C	C	E	S	A	D	R	E	M	R	A	L
N	G	E	T	A	A	T	A	U	G	E	C	E	L
O	P	U	T	T	A	N	A	A	N	A	S	L	E

Puttana	Succhiapalle	Merdasecca	Scrofa
Cagaminchia	Lurida	Meretrice	Figadilegno
Mannaia	Slabbrata	Cagna	Battona

3. Gesù, sei tu?

T	Z	S	M	M	E	T	S	E	N	A	E	T	I
T	A	M	E	P	U	Z	U	N	O	L	R	O	E
S	M	S	R	E	G	S	E	G	A	I	O	L	O
C	A	P	D	Z	N	O	O	L	Z	E	C	O	N
P	N	U	A	Z	A	L	E	C	U	E	U	I	A
O	G	T	S	E	S	U	A	C	T	N	C	C	G
T	I	A	E	N	A	C	A	S	A	A	O	R	E
T	A	M	C	T	I	N	I	U	N	C	N	E	T
A	C	E	C	E	H	I	A	E	E	R	L	L	T
R	A	R	A	S	C	T	A	C	A	A	T	L	A
Z	Z	D	I	M	C	T	M	I	I	U	A	A	C
E	Z	A	A	A	U	O	D	A	U	M	A	M	R
U	I	P	E	M	S	R	M	L	I	I	C	A	T
C	E	I	M	P	E	S	T	A	T	O	S	I	M

Ratto
Succhiasangue
Maiale
Mangiacazzi
Sputamerda
Lercio
Pezzente
Impestato
Cane
Segaiolo
Rottinculo
Merdasecca

4. Signore Iddio

O	C	L	A	D	R	E	M	A	C	C	E	L	C
P	E	C	O	R	O	N	E	S	R	A	C	P	A
T	E	A	S	R	L	M	L	T	O	C	C	A	N
P	M	O	C	I	O	L	I	R	R	A	I	L	C
O	C	E	M	E	E	O	C	I	O	C	U	L	E
C	O	P	C	O	O	R	A	S	T	A	I	E	R
O	D	Z	O	M	B	I	E	C	T	S	M	M	O
G	C	C	P	L	L	C	T	I	I	P	C	O	G
L	R	A	M	M	N	C	M	A	N	I	O	S	E
I	Z	A	O	I	O	A	E	N	C	L	E	C	N
O	R	M	P	N	I	M	E	T	U	L	A	E	O
N	C	C	U	A	B	O	L	E	L	I	G	I	A
E	A	O	L	A	E	O	E	O	O	C	O	A	A
C	C	E	M	U	M	M	I	A	P	T	A	S	C

Leccamerda	Cancerogeno	Mocio	Zombie
Rottinculo	Cacaspilli	Pallemosce	Coglione
Strisciante	Maiale	Mummia	Pecorone

Rilassati e colora il

Manda_La_Madonna

5. Il Signore

L	I	I	O	T	D	O	T	A	G	I	F	S	E
A	A	N	A	R	O	M	P	I	P	A	L	L	E
O	D	E	F	I	C	I	E	N	T	E	E	A	E
L	Z	O	O	A	P	O	E	A	P	S	L	C	D
L	A	N	N	I	A	T	N	L	L	C	E	O	E
C	S	G	O	G	O	D	I	N	E	A	N	G	I
I	T	S	S	R	C	N	L	I	I	S	O	L	P
S	N	A	N	A	T	I	F	F	O	S	I	I	L
I	A	A	T	N	L	S	Z	A	E	A	L	O	A
L	T	C	A	N	E	I	I	L	A	P	G	N	L
A	O	O	E	L	E	D	N	L	R	A	O	A	L
O	I	F	C	S	I	L	O	I	C	L	C	Z	A
S	D	E	I	P	A	E	C	T	E	L	N	Z	P
L	I	A	E	D	A	A	O	O	I	E	D	O	I

Stronzo
Deficiente
Coglionazzo
Idiota
Scassapalle
Coglione
Rompipalle
Pallalpliede
Sfigato
Cane
Fallito

6. Il Figlio di Dio

S	N	S	E	N	Z	A	P	A	L	L	E	A	E
F	F	A	L	L	I	T	O	C	T	S	T	D	L
I	A	G	E	S	A	Z	Z	E	M	L	E	R	A
G	O	M	M	L	E	R	C	I	O	I	G	E	M
A	F	A	E	O	E	I	C	I	R	D	P	M	N
T	N	R	I	E	N	C	T	S	C	I	A	A	O
O	I	R	O	L	O	U	A	A	T	O	O	I	C
I	M	E	E	Z	D	C	N	G	A	T	R	H	U
S	Z	A	A	G	R	L	L	D	O	A	E	C	L
T	E	N	E	C	E	E	E	C	T	N	I	C	A
A	E	I	G	C	M	T	L	A	O	O	E	U	E
N	C	F	O	T	T	U	T	O	O	L	F	S	O
I	T	I	O	U	M	I	N	C	A	P	A	C	E
N	I	N	F	A	M	E	O	I	I	L	O	T	S

Fottuto	Merdone	Mezzasega	Succhiamerda
Senzappalle	Incapace	Sfigato	Cagone
Fallito	Idiota	Lercio	Infame

7. Padre Nostro che sei...

F	M	E	Z	Z	O	C	O	G	L	I	O	N	E
N	I	O	T	A	C	I	T	A	F	S	P	M	A
I	F	H	F	N	M	G	F	C	E	F	T	A	N
F	S	A	O	T	I	L	L	A	F	E	E	I	G
T	E	N	A	E	A	Z	Z	L	E	T	A	A	M
Z	E	I	Z	Z	A	C	A	C	C	E	L	L	M
O	A	E	Z	O	L	O	C	I	Z	N	S	E	O
E	M	A	F	N	I	E	I	A	M	T	E	E	E
A	T	R	F	P	E	Z	Z	N	E	E	I	E	A
E	M	A	N	G	I	A	M	E	R	D	A	A	A
S	O	A	T	C	A	G	A	C	A	Z	Z	I	N
A	G	G	O	R	R	E	H	G	S	O	C	N	T
O	O	Z	A	I	O	O	E	S	P	O	R	C	O
M	Z	E	F	I	M	O	T	U	T	T	O	F	Z

Leccacazzi	Sfaticato	Fottuto	Sgherro
Maiale	Cagacazzi	Sporco	Mangiamerda
Mezzocoglione	Fallito	Fetente	Infame

8. Madre nostra....

E	E	L	C	S	C	L	A	C	P	A	G	S	A
L	L	A	G	A	L	E	H	B	A	I	P	E	I
A	L	T	E	D	R	C	A	U	L	A	U	A	C
O	A	R	A	S	A	C	L	U	R	I	D	A	A
I	P	I	S	G	U	A	L	D	R	I	N	A	U
V	A	N	U	A	I	C	A	L	O	C	C	O	Z
I	I	A	S	U	A	U	P	I	M	D	A	R	U
C	H	S	L	L	B	L	D	R	A	A	R	G	S
A	C	N	C	G	A	I	A	A	I	Z	I	L	M
G	C	A	C	I	L	B	A	G	A	S	C	I	A
N	U	I	G	N	D	A	I	Z	L	A	I	G	A
A	S	P	O	R	C	A	E	A	A	A	G	P	C
O	U	T	R	O	I	A	U	C	C	E	I	O	U
N	U	A	D	O	N	B	R	A	R	G	A	U	I

Cagna	Zoccola	Maiala	Sgualdrina
Bagascia	Troia	Viscida	Lurida
Leccaculi	Succhiapalle	Latrina	Sporca

Rilassati e colora il

Manda_La_Madonna

9. Gli Apostoli

I	I	I	R	I	O	F	A	L	L	I	T	I	I
L	P	M	O	O	T	I	M	I	T	I	B	L	T
L	A	B	M	C	L	I	I	U	E	C	B	O	L
O	L	E	P	I	D	I	R	U	L	I	S	R	I
M	L	C	I	O	E	A	O	N	I	S	R	Z	P
E	E	I	C	L	I	I	P	A	F	P	N	I	E
P	M	L	O	E	N	E	R	I	M	O	O	I	L
P	O	L	G	S	O	P	G	O	R	N	O	N	A
A	S	I	L	I	M	A	S	T	Z	L	A	I	N
P	C	I	I	P	T	I	S	L	N	C	O	S	D
E	E	P	O	I	T	O	E	I	E	N	L	A	R
D	I	A	N	I	N	P	I	L	I	I	M	C	O
T	I	P	I	I	S	E	L	V	E	R	M	I	N
C	R	I	N	C	O	G	L	I	O	N	I	T	I

Imbecilli	Pallemosce	Sfigati	Stronzi
Falliti	Vermi	Rincoglioniti	Pappemolli
Rompicoglioni	Pelandroni	Asini	Luridi

10. Oh mio Dio...

T	U	N	L	F	S	I	N	U	F	O	M	I	M
S	D	P	D	I	E	U	L	T	N	L	A	U	A
C	Z	U	I	I	L	S	D	O	O	U	I	L	N
H	L	T	I	R	F	O	S	I	O	C	A	A	N
I	P	T	O	A	A	L	S	O	C	N	L	I	A
F	N	A	T	N	T	U	I	U	C	I	E	O	R
O	P	N	I	D	A	C	Z	S	T	Z	O	I	O
S	E	I	L	A	G	N	T	C	C	Z	O	R	D
O	Z	E	L	G	T	I	L	L	G	A	Z	O	R
E	Z	R	O	I	I	O	T	S	I	C	T	C	C
O	E	E	B	O	O	T	A	G	I	F	S	I	C
R	N	P	O	Z	M	I	P	O	F	G	A	U	D
T	T	O	O	O	Z	D	N	H	I	A	A	L	H
L	E	E	N	D	P	H	D	Z	O	O	C	N	Z

Puttaniere

Fesso

Mannaro

Pezzente

Bollito

Sudicio

Ditoinculo

Cazzinculo

Sfigato

Randagio

Schifoso

Maiale

11.Gesù allo Zoo

O	L	C	I	M	I	C	E	C	N	E	S	O	O
O	L	I	A	S	A	P	R	Q	U	E	L	U	A
P	S	O	E	E	R	M	E	N	R	G	G	I	O
O	C	R	M	A	L	P	G	E	N	L	E	O	L
R	O	O	A	A	I	E	I	S	Q	U	A	L	O
C	R	R	O	L	L	E	R	T	S	I	P	I	P
O	P	O	E	A	Ò	S	O	G	P	Q	C	N	C
E	I	T	E	S	A	N	G	U	I	S	U	G	A
A	O	I	M	O	E	E	T	N	E	P	R	E	S
R	N	R	G	I	E	C	I	I	L	S	C	O	O
U	E	O	E	G	M	M	A	P	O	L	O	O	G
P	O	R	R	O	R	N	R	I	U	R	A	R	E
P	O	V	E	L	E	T	R	A	G	N	O	A	I
C	A	N	E	R	V	V	P	S	E	E	A	P	R

CANE	CIMICE	SCORPIONE	GNU
PIPISTRELLO	PORCO	RAGNO	SANGUISUGA
SERPENTE	SQUALO	TORO	VERME

12. Il Creatore al lavoro

F	P	T	I	T	M	P	C	A	A	N	H	R	M
D	I	S	I	N	F	E	S	T	A	T	O	R	E
I	E	I	T	T	A	I	P	A	V	A	L	C	A
E	R	O	T	A	C	S	E	P	O	I	P	O	N
V	M	I	N	A	T	O	R	E	E	I	S	N	S
E	R	E	I	Z	Z	E	P	P	A	T	T	I	C
F	A	S	Z	R	L	D	M	P	T	T	U	Z	S
T	L	T	B	E	I	I	I	I	B	M	R	Z	I
O	O	S	M	R	F	A	B	B	R	O	A	A	P
R	N	T	Z	R	F	R	O	R	E	F	T	P	C
I	M	B	I	A	N	C	H	I	N	O	O	S	A
M	A	C	E	L	L	A	I	O	I	E	R	T	N
S	E	I	O	N	I	B	R	U	T	T	E	N	L
O	O	N	I	M	A	C	A	Z	Z	A	P	S	U

Lavapiatti
Disinfestatore
Fabbro
Imbianchino
Macellaio
Pescatore
Minatore
Netturbino
Spazzacamino
Spazzino
Sturatore
Tappezziere

Rilassati e colora il

Manda_La_Madonna

13. Vergine indaffarata

E	P	U	T	T	A	N	A	V	E	N	E	R	E
C	T	R	O	O	A	C	E	O	R	T	R	U	T
I	T	A	E	C	I	R	T	I	T	T	A	B	E
R	I	S	E	R	A	L	O	I	C	C	U	L	G
T	R	T	R	O	C	S	E	T	C	A	T	O	R
A	I	B	C	Z	O	C	C	O	L	A	R	C	T
R	A	E	A	I	C	S	A	G	A	B	A	O	E
I	S	C	O	R	T	E	C	A	N	A	T	T	R
G	A	C	A	O	L	L	I	U	Q	S	C	I	A
G	E	R	A	Q	E	C	I	R	T	E	R	E	M
A	P	G	O	P	R	O	S	T	I	T	U	T	A
R	R	E	N	L	P	E	P	S	U	G	O	G	T
U	T	G	I	A	O	R	N	A	R	A	I	S	C
R	O	G	I	R	I	T	C	Z	C	N	L	R	O

Battitrice
Meretrice
Escort
Lucciola
Prostituta
Puttana
Raggiratrice
Scortecana
Squillo
Venere
Zoccola
Bagascia

14. Tutti i Santi

I	I	N	C	O	M	P	E	T	E	N	T	I	L
H	I	Z	B	U	F	F	O	N	I	C	T	O	B
I	I	T	Z	Z	T	M	O	C	R	I	I	Z	P
E	L	E	C	O	I	R	C	Z	R	L	L	I	D
T	I	I	P	B	Z	V	E	E	A	A	Z	T	I
O	Z	R	Z	I	M	A	L	E	D	E	T	T	I
O	P	E	Z	Z	E	N	T	I	T	I	O	T	E
I	I	C	C	A	I	L	G	A	P	A	A	H	I
T	E	A	C	O	D	A	R	D	I	T	E	C	I
I	N	O	R	T	L	A	I	C	E	L	I	A	C
C	L	P	G	C	I	C	F	I	E	M	I	L	E
D	I	M	B	E	C	I	L	L	I	F	C	M	A
F	I	O	T	Z	G	B	C	P	F	N	E	N	R
A	I	T	N	I	H	C	C	A	I	L	G	I	V

Atei
Buffoni
Cialtroni
Codardi
Zozzi
Imbecilli
Incompetenti
Maledetti
Pagliacci
Pezzenti
Ratti
Vigliacchi

15. Gesù

P	I	C	A	L	T	N	D	P	S	I	B	L	E
T	E	E	L	L	I	C	E	B	M	I	I	I	T
C	E	O	T	T	U	S	O	T	N	O	T	M	N
O	U	I	O	I	N	S	I	P	I	D	O	T	S
O	T	E	O	N	I	T	E	R	C	I	I	I	N
E	E	L	N	S	T	U	P	I	D	O	N	O	N
E	O	T	T	A	C	E	T	N	E	M	C	S	M
D	I	C	B	D	N	M	L	E	I	O	C	M	O
E	M	I	N	C	H	I	O	N	E	T	E	C	H
M	N	N	A	D	T	T	U	P	N	N	T	N	C
E	C	A	P	A	C	N	I	P	T	B	E	A	T
N	S	T	O	L	T	O	L	N	D	C	O	N	B
T	P	A	I	D	I	O	T	A	T	I	U	C	D
E	O	I	T	I	E	I	L	T	P	E	O	E	C

Cretino	Imbecille	Idiota	Stolto
Tonto	Stupido	Minchione	Ottuso
Incapace	Demente	Mentecatto	Insipido

16. Dio....

L	T	A	A	N	C	A	N	A	G	L	I	A	R
G	A	C	D	A	O	M	T	R	P	O	A	O	R
G	I	A	O	A	D	M	R	A	M	C	O	O	L
R	C	G	O	V	A	M	E	M	G	M	A	O	P
O	C	A	L	I	R	I	M	M	D	C	U	O	A
T	A	S	T	I	D	R	A	O	I	R	M	E	P
A	C	O	R	A	O	A	R	L	C	U	C	N	P
L	A	T	A	T	A	A	E	L	G	A	A	A	A
L	S	T	D	V	I	G	L	I	A	C	C	O	M
O	O	O	I	R	A	A	L	T	O	T	T	R	O
D	T	A	T	O	A	A	A	O	E	R	L	F	L
I	T	A	O	O	R	N	C	S	R	O	O	D	L
M	O	C	R	R	T	A	M	E	R	D	A	L	A
S	O	L	E	D	F	U	G	G	I	T	I	V	O

Vigliacco	Codardo	Merda	Cagasotto
Pappamolla	Fuggitivo	Cacasotto	Rammollito
Canaglia	Smidollato	Tremarella	Traditore

Rilassati e colora il

Manda_La_Madonna

17. Il tuo Santo preferito

C	T	S	S	R	N	E	O	R	L	A	I	I	R
D	A	F	A	M	R	R	O	R	O	S	P	O	E
N	E	R	I	L	T	O	V	L	M	O	E	C	R
E	L	U	R	E	C	T	D	E	C	L	O	O	L
F	C	T	C	C	A	A	V	T	I	E	O	F	A
O	I	T	R	C	V	F	S	R	A	C	D	S	D
T	T	A	R	A	V	F	C	N	L	C	S	O	R
T	E	T	F	C	O	U	R	U	T	A	E	A	U
I	C	O	A	U	L	R	O	S	R	P	G	O	N
M	M	R	R	L	T	T	C	U	O	I	A	A	C
A	E	E	O	O	O	P	C	O	N	E	I	C	O
D	R	I	T	L	I	A	O	I	E	D	O	L	L
R	D	R	F	L	O	O	N	T	D	I	L	C	O
I	A	N	S	L	O	I	E	F	V	T	O	A	O

Fottimadri	Scroccone	Truffatore	Segaiolo
Avvoltoio	Ladruncolo	Leccapiedi	Sfruttatore
Rospo	Leccaculo	Merda	Cialtrone

18. La Madre di Gesù

V	I	S	C	I	D	A	A	O	E	D	I	I	A
O	A	L	A	L	O	I	A	C	U	B	C	A	N
S	R	O	A	I	L	E	C	C	A	C	U	L	O
A	O	R	R	T	A	C	A	R	O	G	N	A	Z
T	R	A	D	I	T	R	I	C	E	T	A	L	O
A	A	N	A	R	E	P	I	V	N	E	I	A	E
C	I	A	L	T	R	O	N	A	U	F	T	E	S
C	R	O	A	E	M	A	F	N	I	A	L	S	I
B	E	P	R	E	S	I	P	O	C	R	I	T	A
T	C	V	E	N	D	U	T	A	R	A	L	S	O
B	R	C	V	O	I	A	E	A	C	U	I	I	C
P	C	V	I	N	L	P	E	R	C	C	A	E	A
L	I	T	C	A	I	I	E	P	D	I	F	E	I
S	U	C	C	H	I	A	C	A	Z	Z	I	D	G

Serpe, Ipocrita, Traditrice, Leccaculo

Cialtrona, Vipera, Venduta, Bucaiola

Succhiacazzi, Viscida, Carogna, Infame

19.Vergine Maria

F	R	A	D	I	C	I	A	A	S	E	A	P	S
F	S	I	S	A	I	M	A	R	E	P	I	V	S
T	A	F	P	E	D	E	R	A	S	T	A	G	R
R	N	L	E	C	C	A	C	A	Z	Z	I	G	S
G	G	L	A	G	E	R	T	S	C	S	I	G	M
P	U	C	I	D	A	S	S	E	P	R	E	S	A
T	I	P	E	A	L	L	A	G	E	M	E	D	L
I	S	C	T	C	D	I	A	E	S	S	G	S	E
R	U	D	A	A	A	A	U	P	C	A	S	Z	F
A	G	N	U	T	C	A	R	O	G	N	A	N	I
D	A	G	Z	N	N	G	A	I	E	I	A	R	C
M	M	E	R	D	A	S	E	C	C	A	E	M	A
E	S	C	I	A	M	P	I	S	T	A	A	P	A
C	C	M	S	A	A	Z	N	O	R	T	S	O	M

Serpe	Stronza	Merdasecca	Sciampista
Carogna	Strega	Sanguisuga	Malefica
Leccacazzi	Fradicia	Vipera	Pederasta

20.Apostoli

M	E	I	G	N	O	B	I	L	I	O	N	T	I
E	C	O	C	A	D	D	G	I	B	L	D	L	I
R	S	I	A	A	E	A	N	A	E	E	C	C	S
D	O	I	A	O	L	A	L	L	N	L	A	I	M
E	M	N	T	C	C	A	L	N	A	I	C	I	I
C	E	O	N	O	I	A	I	G	H	L	A	N	D
D	L	I	I	C	P	I	V	C	I	C	S	F	O
R	L	H	S	A	N	C	C	O	F	O	O	A	L
C	A	C	Z	C	M	A	I	P	L	D	T	M	L
E	P	N	F	M	I	G	A	L	L	A	T	I	A
I	E	I	I	L	N	O	A	F	N	R	O	N	T
S	G	M	G	M	R	N	L	L	I	D	L	M	I
L	I	I	D	O	E	I	I	A	P	I	G	L	D
H	V	C	C	R	L	O	I	I	A	E	A	L	L

Vigliacchi	Cacasotto	Ignobili	Smidollati
Senzapalle	Minchioni	Codardi	Cani
Cagoni	Infami	Pallemosce	Merde

Rilassati e colora il

Manda_La_Madonna

21.Dio, Gesù o chi vuoi tu!

C	N	C	D	E	F	I	C	I	E	N	T	E	P
O	A	L	N	T	T	C	A	T	E	I	F	E	T
C	S	Z	O	L	O	G	N	A	S	U	T	T	O
T	A	S	Z	E	L	L	M	O	C	O	E	A	T
O	T	N	I	O	D	C	Z	T	O	M	N	U	M
T	A	N	E	T	N	I	P	T	C	E	O	Z	E
L	I	C	O	I	A	E	P	I	F	N	I	L	M
O	N	E	O	N	I	U	O	T	N	T	L	N	C
T	S	E	A	U	P	N	G	I	E	E	G	C	N
S	O	O	M	M	P	C	C	M	P	C	O	P	T
U	A	S	E	I	E	T	T	T	E	A	C	I	O
L	R	R	A	C	R	L	A	P	N	T	L	R	T
G	P	E	A	S	P	P	O	P	C	T	R	L	P
C	I	E	M	E	R	D	I	N	A	O	E	A	T

Cazzone
Stolto
Preppia
Scimunito
Merdina
Mentecatto
Coglione
Deficiente
Pirla
Ottusangolo
Cane

22.La Mamma di Gesù (o del tuo amico)

A	T	C	T	A	T	S	A	S	S	S	T	Z	B
F	M	M	R	P	G	C	F	M	Q	C	Z	O	S
D	E	P	V	A	O	T	C	A	U	H	E	C	U
E	R	L	P	A	E	I	C	L	I	I	B	C	C
L	E	L	U	A	C	L	I	E	R	F	T	O	C
L	T	E	T	R	L	C	C	D	T	O	L	L	H
A	R	R	T	U	S	L	A	E	A	S	T	A	I
P	I	C	A	C	E	C	E	T	T	A	P	S	A
A	C	I	N	U	H	R	A	T	R	Z	R	Z	C
C	E	A	A	U	H	I	G	A	I	H	U	A	A
C	S	T	H	A	A	C	A	O	C	O	Z	E	Z
E	A	I	C	S	A	G	A	B	E	L	A	E	Z
L	L	Z	I	A	E	R	A	I	S	A	D	A	I
O	L	S	G	U	A	L	D	R	I	N	A	R	D

Zoccola	Squirtatrice	Bagascia	Succhiacazzi
Schifosa	Maledetta	Leccapalle	Vacca
Puttana	Lercia	Sgualdrina	Meretrice

23.Nazareno

R	A	O	I	F	S	E	T	E	A	A	N	I	E
E	R	E	L	A	M	U	N	T	U	R	C	O	R
O	N	R	E	L	C	A	A	N	N	C	C	I	A
H	A	O	C	S	L	A	I	E	A	E	L	P	N
R	E	T	C	O	A	C	S	P	O	N	T	N	G
O	P	I	A	R	F	D	E	R	I	A	O	N	O
T	A	D	C	S	L	M	O	E	O	L	A	R	R
T	R	A	U	H	A	L	A	S	R	I	C	T	A
I	A	R	L	R	S	N	P	I	C	O	I	U	C
N	C	T	O	T	S	C	H	I	F	O	S	O	A
C	U	A	A	D	R	E	M	A	T	U	P	S	I
U	L	U	F	C	I	T	A	V	I	L	E	T	A
L	O	I	O	R	E	O	P	O	T	E	A	E	R
O	F	E	E	E	M	A	F	N	I	S	P	S	F

Traditore

Infame

Serpente

Carogna

Leccaculo

Paraculo

Rottinculo

Topo

Schifoso

Falsone

Vile

Sputamerda

24.Madonna

S	U	C	C	H	I	A	C	A	Z	Z	I	I	A
Z	A	G	L	E	C	C	A	C	A	Z	Z	I	A
A	A	S	A	A	C	C	A	A	S	C	C	N	A
L	I	T	T	S	C	M	T	C	I	R	A	C	C
A	C	R	A	Z	A	A	T	E	E	R	I	N	R
I	C	A	G	L	B	I	O	L	L	A	C	S	O
A	A	C	E	S	S	A	N	A	A	A	C	A	S
M	N	C	L	E	A	I	G	F	I	C	A	C	M
C	A	I	A	C	M	C	I	O	A	A	I	S	L
Z	T	A	I	E	G	I	M	R	L	C	O	L	L
H	T	F	T	C	I	I	C	C	L	F	R	O	A
A	U	I	C	Z	E	A	A	S	N	I	T	S	A
C	P	G	F	A	Z	B	A	G	A	S	C	I	A
S	C	A	A	I	C	I	M	S	C	C	I	R	G

Maiala Troiaccia Bagascia Succhiacazzi

Cessa Stracciafiga Scrofa Leccacazzi

Mignotta Lercia Puttanaccia Sorca

Rilassati e colora il

Manda_La_Madonna

25.Nostro Signore

P	I	A	P	F	O	T	T	I	M	O	R	T	I
A	C	I	I	A	T	C	S	A	I	O	I	A	A
C	A	M	P	D	I	A	O	P	I	R	L	A	M
C	A	H	P	R	M	A	A	A	O	A	L	I	C
E	I	O	A	E	O	P	I	E	C	E	A	O	G
S	I	I	I	M	R	P	N	L	S	P	T	A	O
A	S	C	O	N	A	T	S	A	R	E	D	E	P
I	T	E	L	O	E	T	C	P	I	A	E	E	A
H	R	N	O	E	S	A	M	A	I	A	L	E	A
C	O	E	L	L	A	P	A	I	H	C	C	U	S
N	N	S	F	I	G	A	T	O	M	A	N	E	G
I	Z	I	C	C	R	E	N	O	G	A	C	R	L
M	O	H	E	D	I	L	A	A	H	D	L	A	L
L	E	C	C	A	C	E	S	S	I	E	G	E	L

Fottimorti	Stronzo	Leccacessi	Merda
Minchiasecca	Succhiapalle	Pederasta	Pippaiolo
Pirla	Sfigatomane	Cagone	Maiale

26.Vergine Maria

O	S	L	E	C	C	A	M	U	T	A	N	D	E
S	T	R	A	C	C	I	A	C	A	Z	Z	I	I
I	M	E	R	D	A	A	I	I	S	A	S	T	T
Z	A	I	C	S	A	G	A	B	A	O	C	R	C
Z	A	R	Z	S	C	C	I	A	R	O	T	O	D
A	P	U	T	T	A	N	A	C	C	I	A	I	F
C	S	U	A	R	A	R	A	B	T	M	O	A	B
A	A	M	A	I	A	L	A	R	I	C	P	U	O
R	I	A	E	I	T	S	I	E	C	S	R	C	G
P	S	C	C	C	R	C	R	A	C	Z	C	U	O
U	Z	R	D	A	R	R	A	A	E	C	O	I	C
T	F	I	G	A	R	O	T	T	A	I	U	A	A
S	T	A	S	F	S	F	A	C	R	I	C	U	U
I	C	A	I	O	Z	A	A	I	A	N	P	S	Z

Puttanaccia
Stracciacazzi
Troia
Figarotta
Biscia
Leccamutande
Maiala
Stupracazzi
Bagascia
Sorca
Merda
Scrofa

27.Dio

F	O	T	T	I	B	U	C	H	I	N	L	I	Z
V	I	S	C	I	D	O	S	E	R	P	E	R	A
I	O	I	C	S	I	P	I	D	O	C	C	A	S
P	L	Z	H	C	A	T	I	I	R	O	S	P	S
S	T	R	A	P	P	A	C	A	Z	Z	I	L	R
H	C	A	A	R	S	E	G	A	I	O	L	O	P
I	G	E	A	M	A	L	A	N	D	R	I	N	O
G	R	A	T	T	A	P	A	L	L	E	T	P	A
B	C	I	L	U	C	A	C	C	A	P	S	G	A
Z	Z	S	U	C	C	H	I	A	C	A	Z	Z	I
Z	P	C	V	T	O	P	O	R	A	G	N	O	R
S	I	E	G	N	I	O	G	C	T	O	L	I	L
U	P	U	U	S	I	C	P	R	T	C	G	I	G
L	I	S	C	I	S	P	I	P	P	A	S	I	A

Strappacazzi	Segaiolo	Pippa	Spaccaculi
saccodipiscio	Toporagno	Fottibuchi	Serpe
Viscido	Malandrino	Grattapalle	Succhicazzi

28.Dio e Gesù

R	C	I	U	C	C	I	A	M	E	R	D	A	S
C	G	O	I	P	A	D	A	C	O	N	C	R	E
A	R	I	A	P	A	L	O	P	C	A	E	F	R
Z	A	I	L	F	C	A	E	S	G	L	E	O	P
Z	T	C	N	E	C	C	A	A	L	I	P	T	I
O	T	R	P	N	U	R	C	A	N	O	O	T	Z
S	A	A	Z	P	T	A	P	R	I	Z	M	U	T
P	P	M	A	Z	Z	A	S	T	L	L	E	T	P
E	A	I	I	Z	Z	E	S	I	T	S	I	I	O
N	L	I	I	N	T	A	P	T	C	A	N	F	U
T	L	U	E	C	A	N	E	L	M	I	A	R	L
O	E	S	I	T	N	E	Z	Z	E	P	C	A	N
Z	A	S	A	B	U	C	A	I	O	L	I	A	I
C	I	R	C	L	E	P	O	R	C	I	L	I	M

Grattapalle
Porci
Cani
Cagacazzi
Ciucciamerda
Bucaioli
Pezzenti
Senzapalle
Marci
Serpi
Cazzospento
Fottuti

Rilassati e colora il

Manda_La_Madonna

29.Il Dio di tutti noi

M	L	T	I	P	A	E	O	A	L	A	T	C	N
A	M	O	C	R	O	P	T	R	R	G	N	E	A
N	A	N	Z	T	N	C	C	O	S	T	O	A	A
G	I	C	D	E	C	A	N	E	E	L	M	Z	P
I	A	I	I	R	A	C	O	N	D	O	C	D	U
A	L	I	N	C	U	L	A	C	A	P	R	E	N
M	E	M	E	R	D	A	S	E	C	C	A	C	C
E	S	E	R	P	E	L	S	G	E	A	A	T	C
R	C	C	L	E	G	E	T	E	L	S	A	O	E
D	E	A	Z	P	I	T	A	R	C	L	T	D	R
A	R	O	T	T	I	N	C	U	L	O	O	A	T
P	A	C	G	I	O	A	F	O	T	T	U	T	O
A	O	I	Z	Z	A	C	A	T	T	A	R	G	L
A	L	I	O	L	L	E	R	T	S	I	P	I	P

Iracondo
Maiale
Pipistrello
Fottuto
Mangiamerda
Porco
Inculacapre
Rottinculo
Serpe
Merdasecca
Grattacazzi
Cane

30.La Madonna

Z	P	S	A	N	G	U	I	S	U	G	A	T	B
A	A	P	L	T	A	N	P	T	T	I	T	G	E
Z	T	E	O	N	A	L	L	T	I	E	I	E	C
L	P	S	G	R	U	T	A	R	R	P	P	U	A
L	A	I	G	A	L	A	M	I	E	R	N	I	T
L	T	M	M	A	I	A	L	A	I	E	A	A	S
E	G	U	I	G	P	C	U	T	R	S	P	T	A
I	C	U	T	L	L	A	M	N	T	O	I	T	M
N	N	I	A	O	I	M	A	A	A	T	B	A	A
L	I	A	M	O	P	A	C	G	G	M	A	L	M
U	R	I	R	I	S	A	A	S	I	B	N	B	R
M	I	T	I	A	C	P	I	A	T	T	O	L	A
P	L	U	N	G	Z	I	T	E	L	L	A	O	T
I	I	R	I	S	L	A	U	L	S	P	O	M	T

Serpe	Sanguisuga	Maiala	Piattola
Lumaca	Blatta	Tigna	Cimice
Tarma	Topa	Troia	Zitella

31. Mio Dio del Lunedì

L	I	C	V	I	S	A	T	T	E	I	E	E	T
F	I	P	U	T	T	A	N	I	E	R	E	T	O
M	U	G	S	T	E	N	O	C	C	O	R	C	S
E	E	R	R	C	C	O	I	S	I	I	O	I	A
N	P	S	F	O	P	I	A	G	N	O	N	E	T
O	A	L	C	A	O	A	I	F	I	T	C	O	T
R	R	O	E	H	N	N	C	O	N	L	T	A	R
T	A	T	Z	T	I	T	T	N	O	O	A	L	A
L	S	A	E	A	O	N	E	E	T	V	O	N	D
A	S	A	C	R	L	I	O	O	R	V	N	C	I
I	I	N	C	D	O	S	O	U	A	A	R	F	T
C	T	I	A	A	O	D	R	A	D	O	C	A	O
N	A	L	Z	N	A	D	N	N	I	D	C	V	R
H	C	T	E	M	A	F	N	I	E	R	E	T	E

Cialtrone	Scroccone	Furfante	Zecca
Codardo	Piagnone	Traditore	Parassita
Avvoltoio	Puttaniere	Meschino	Infame

32. Gesù, ancora tu?

C	G	I	O	S	I	A	I	S	O	M	A	R	O
A	B	P	S	U	B	D	O	L	O	A	O	F	O
R	I	O	O	C	O	A	O	N	F	B	D	O	T
O	E	C	R	N	O	I	R	L	S	C	S	L	N
G	N	R	R	O	B	O	S	O	D	O	U	P	O
N	A	I	A	A	A	S	I	O	R	R	O	I	B
A	U	T	P	I	R	D	R	I	I	S	C	E	P
B	R	A	E	N	I	O	T	D	B	C	N	R	M
N	O	R	R	O	M	N	O	I	A	O	B	A	A
O	P	U	F	I	E	A	R	I	F	L	A	L	O
B	O	R	I	M	F	R	L	F	O	A	R	D	O
P	B	M	D	N	O	G	U	I	I	A	B	R	A
S	I	A	O	R	A	B	O	O	I	D	R	O	S
A	O	A	I	P	R	E	B	P	S	F	O	O	O

Iena	Carogna	Baro	Lurido
Ipocrita	Somaro	Buffone	Pagliaccio
Sbirro	Perfido	Subdolo	Mentiroso

Rilassati e colora il

Manda_La_Madonna

33. Dio e dei tutti

U	T	S	T	U	T	R	U	F	F	I	A	N	O
F	R	L	T	O	R	V	O	S	O	I	D	O	T
U	P	R	O	F	I	T	T	A	T	O	R	E	O
R	O	E	T	N	A	F	O	T	S	E	L	F	D
F	M	M	E	R	D	A	S	E	C	C	A	M	O
A	E	O	A	R	A	T	R	O	E	F	F	F	C
N	A	A	C	M	A	L	F	A	T	T	O	R	E
T	E	R	O	T	A	F	F	U	R	T	U	E	A
E	V	T	E	F	F	T	M	O	N	S	P	E	O
O	E	C	U	U	O	F	T	A	T	O	C	M	O
P	F	I	R	F	A	O	E	N	I	F	L	T	I
S	P	O	R	C	O	O	I	E	T	A	N	E	I
U	O	O	F	C	E	E	C	U	T	E	L	M	E
S	P	E	C	U	L	A	T	O	R	E	T	E	O

Speculatore Lestofante Ruffiano Profittatore

Furfante Malfattore Sporco Maiale

Torvo Odioso Truffatore Merdasecca

34. Iddio mio...

S	P	M	N	N	O	I	H	C	C	O	D	I	P
R	T	O	C	U	R	S	A	P	T	N	G	T	U
D	P	A	O	V	N	T	P	N	R	I	O	P	A
O	N	A	A	E	I	M	P	O	S	T	O	R	E
E	M	R	A	R	T	V	T	M	E	F	R	A	S
R	A	A	F	M	R	H	I	O	S	F	I	O	I
A	L	U	G	E	M	E	T	O	T	U	O	T	T
T	F	N	E	T	T	U	R	B	I	N	O	O	O
T	A	O	P	S	E	G	A	I	O	L	O	O	S
O	T	M	P	E	V	O	T	P	S	T	S	A	F
T	T	U	A	G	U	S	I	U	G	N	A	S	M
E	O	O	S	C	A	R	I	C	A	T	O	R	E
E	R	O	T	A	G	R	U	P	S	L	N	I	I
B	E	R	O	T	A	F	F	U	R	T	T	A	O

Netturbino	Malfattore	Verme	Truffatore
Cane	Sanguisuga	Ratto	Segaiolo
Pidocchio	Impostore	Spurgatore	Scaricatore

35. Gesù, sempre tuuuuu!

T	E	T	N	E	U	Q	N	I	L	E	D	L	I
V	U	O	L	E	C	C	A	C	A	Z	Z	I	N
E	O	Q	S	C	E	L	L	E	R	A	T	O	L
R	O	N	I	H	C	C	E	B	R	L	T	E	U
M	O	L	C	L	P	B	I	G	E	A	O	O	S
I	Z	A	A	V	P	Q	M	I	N	L	N	V	T
C	Z	V	L	I	I	I	D	S	O	B	A	A	R
I	A	A	O	T	A	P	A	A	T	U	L	I	A
A	P	P	I	E	V	N	E	A	I	G	L	N	M
T	E	I	T	E	I	T	I	R	P	I	I	P	E
T	N	A	T	O	O	I	Z	T	A	A	V	Z	R
O	A	T	I	C	E	P	V	O	T	R	L	T	D
L	C	T	E	A	A	Z	S	L	E	D	E	I	A
O	A	I	E	A	R	T	L	C	I	O	E	S	R

Scellerato	Vermiciattolo	Villano	Becchino
Bugiardo	Lavapiatti	Vipera	Lustramerda
Pitone	Delinquente	Leccacazzi	Canepazzo

36. Il Signore tuo

A	A	H	N	A	R	I	P	L	O	A	E	O	O
A	H	F	T	B	F	N	O	T	A	V	L	H	T
N	E	K	A	R	K	N	T	A	L	V	M	I	A
O	T	N	I	G	A	E	V	S	R	O	A	Z	I
N	D	E	P	R	A	V	A	T	O	L	N	I	Z
A	I	S	G	E	A	T	A	O	O	T	T	I	A
P	S	N	G	O	A	E	T	O	H	O	I	N	R
O	N	G	A	R	M	K	I	O	R	I	D	T	G
A	P	N	L	A	T	A	E	R	T	O	E	O	S
E	M	A	L	E	D	E	T	T	O	V	O	A	I
L	I	N	F	I	N	G	A	R	D	O	F	Z	D
O	P	E	R	V	E	R	S	O	G	A	V	I	L
O	M	I	G	N	O	B	I	L	E	I	I	P	I
T	A	G	L	I	A	L	E	G	N	A	G	H	R

Taglialegna
Disgraziato
Ignobile
Piranha
Kraken
Infingardo
Perverso
Depravato
Mantide
Ragno
Avvoltoio
Maledetto

Rilassati e colora il

Manda_La_Madonna

37. Madonna mia...

T	T	I	P	A	A	M	A	U	A	A	A	C	T
A	M	S	V	F	M	A	I	A	T	E	I	A	A
T	V	A	T	S	E	F	E	A	A	S	F	D	C
T	A	V	A	S	F	A	L	A	O	R	E	R	I
E	A	M	L	C	S	L	I	T	O	O	C	O	F
D	S	I	U	I	A	L	V	A	E	E	O	G	E
E	O	O	M	O	L	I	A	A	E	A	C	A	L
L	S	E	A	C	B	T	T	R	L	I	R	T	A
A	E	I	C	C	L	A	A	A	R	I	U	A	M
M	A	A	A	A	A	T	I	I	M	P	U	R	A
S	O	T	T	U	S	A	A	T	U	C	L	E	S
E	A	L	A	S	C	I	A	M	P	I	S	T	A
A	L	V	L	I	R	T	E	V	A	V	A	L	A
V	E	O	I	E	A	A	I	V	O	A	A	E	T

Malefica	Blasfema	Maledetta	Impura
Vile	Sciocca	Lavavetri	Ottusa
Sciampista	Drogata	Fallita	Lumaca

38. La mamma di gesù è una....
(ripeti all’infinito se serve)

S	U	C	C	H	I	A	T	U	T	T	O	P	D
C	N	R	A	C	C	A	R	D	L	A	B	U	O
E	Z	A	Z	O	L	L	I	U	Q	S	T	T	O
O	E	C	I	R	T	E	R	E	M	A	O	T	N
G	E	T	B	A	D	Z	O	C	C	O	L	A	T
T	D	H	O	T	A	N	O	T	T	A	B	N	C
C	O	F	O	R	P	U	U	R	G	L	I	A	N
L	N	E	C	I	R	T	I	T	T	A	B	R	L
F	N	C	O	O	S	A	G	Z	O	A	C	T	R
P	A	S	S	E	G	G	I	A	T	R	I	C	E
A	C	S	G	R	E	U	S	C	R	L	I	R	I
N	C	L	C	O	R	T	I	G	I	A	N	A	A
M	I	O	T	O	C	S	E	T	R	U	N	A	O
I	A	P	S	G	N	N	A	T	S	I	E	O	L

Prof	Donnaccia	Passeggiatrice	Cortigiana
Puttana	Meretrice	Baldracca	Squillo
Battitrice	Battona	Zoccola	Succhiatutto

39. Padre nostro che sei

A	L	N	E	E	S	O	C	I	O	A	E	O	M
L	L	P	U	S	E	P	L	O	S	C	T	A	O
L	S	Z	L	A	L	A	U	E	S	T	N	M	L
O	S	T	A	Z	S	O	N	O	O	I	E	O	L
M	M	P	M	O	I	Z	M	S	P	Z	C	C	U
A	I	A	T	O	A	E	A	S	Z	O	O	A	S
P	D	S	M	P	L	G	A	A	G	O	D	I	C
P	O	A	A	L	A	Z	S	O	O	L	A	E	O
A	L	L	A	C	N	E	P	L	O	C	R	C	L
P	L	P	A	E	G	G	E	I	L	O	D	S	I
E	A	C	S	A	Z	S	A	E	A	E	O	P	T
L	T	E	N	O	I	C	C	A	L	L	O	M	O
C	O	A	L	L	N	M	E	I	D	I	O	T	A
L	C	S	N	O	I	L	G	I	N	O	C	A	S

Codardo
Cagasotto
Pappamolla
Senzapalle
Mollaccione
Smidollato
Mezzasega
Pallemosce
Coniglo
Mollusco
Senzazpina
Idiota

40. Gesù, sempre tu...

D	D	E	L	I	N	Q	U	E	S	T	E	M	L
M	A	L	A	N	D	R	I	N	O	B	A	A	I
E	R	S	B	O	A	I	S	R	I	L	S	L	L
O	N	O	V	A	B	D	R	N	T	S	S	V	U
D	B	O	E	A	L	T	B	A	O	I	C	I	C
T	B	R	Z	T	N	O	F	E	A	I	A	V	O
E	A	C	I	L	N	D	R	O	E	A	P	E	A
P	T	D	I	G	A	A	A	D	I	A	E	N	I
P	I	R	E	P	A	C	F	L	O	M	S	T	A
I	G	E	O	T	E	N	S	R	O	E	T	E	O
S	R	S	T	A	B	T	T	A	U	N	R	A	P
T	E	P	E	N	N	S	B	E	M	F	A	E	V
A	T	T	R	I	B	A	L	D	O	E	T	E	L
B	S	B	A	N	D	A	T	O	C	T	O	A	T

Teppista	Delinquente	Vandalo	Malvivente
Balordo	Mascalzone	Furfante	Brigante
Malandrino	Scapestrato	Ribaldo	Sbandato

Rilassati e colora il

Manda_La_Madonna

41. Madonna Santa

B	R	A	T	M	A	L	D	E	S	T	R	A	E
A	A	S	U	O	R	A	E	N	P	S	T	N	C
A	A	P	E	Z	Z	E	N	T	E	T	S	D	A
S	G	A	R	R	U	P	A	T	A	O	N	T	P
V	I	A	A	R	R	V	I	A	A	R	E	N	A
E	S	N	Z	R	F	T	T	T	R	D	I	E	C
N	B	T	V	N	D	E	A	A	P	I	T	A	N
T	A	A	R	S	A	T	L	E	S	T	A	I	I
A	N	G	O	F	F	A	R	M	U	A	Z	G	A
T	D	B	T	I	N	E	T	T	A	A	S	R	A
A	A	T	T	D	I	S	A	S	T	R	A	T	A
B	T	E	E	A	A	R	A	N	N	A	M	N	E
A	A	E	I	D	B	E	A	R	E	F	S	N	A
L	S	P	R	O	V	V	E	D	U	T	A	P	R

Inetta	Incapace	Goffa	Maldestra
Stordita	Sprovveduta	Sventata	Disastrata
Sgarrupata	Mannara	Pezzente	Sbandata

42. San chi vuoi

D	S	A	S	P	S	S	E	R	P	E	N	T	E
N	N	E	P	A	S	P	E	N	N	A	T	O	N
S	N	E	E	A	R	I	N	N	E	G	A	T	O
L	I	S	O	R	A	T	C	L	B	N	C	O	I
E	E	N	B	O	S	O	F	O	E	S	I	E	L
A	O	F	F	S	T	E	R	E	F	N	N	E	O
L	N	E	A	A	B	A	L	E	L	A	A	I	N
E	E	R	A	F	M	I	N	A	E	L	N	N	A
S	B	N	G	A	P	E	E	U	T	E	O	T	N
F	C	T	E	S	N	O	E	L	T	O	N	N	E
I	N	V	T	F	G	N	E	N	L	E	R	D	E
N	E	V	E	N	D	U	T	O	E	A	N	E	G
O	I	N	F	I	N	G	A	R	D	O	T	A	O
A	N	A	B	B	A	G	A	T	L	O	V	O	L

Infame	Voltagabbana	Sleale	Fellone
Serpente	Spennato	Venduto	Sicofante
Delatore	Rinnegato	Infingardo	Sbiellato

43. Creatore

O	D	I	F	L	A	M	D	M	V	S	G	U	S
R	T	S	V	E	N	T	U	R	A	T	O	O	T
E	G	P	E	P	P	E	R	V	E	R	S	O	V
I	T	R	P	A	R	O	E	T	N	O	D	A	U
E	I	E	E	O	L	T	G	T	F	T	S	E	G
T	T	G	R	T	E	T	I	E	P	A	T	D	N
T	E	I	F	S	O	E	N	I	D	N	E	R	E
O	M	E	I	U	E	D	F	E	O	N	S	E	A
S	M	V	D	A	E	E	A	O	T	A	T	V	V
N	E	O	O	F	P	L	M	V	E	D	T	E	G
P	A	L	I	N	T	A	E	F	A	M	E	P	V
E	P	E	I	I	R	M	R	V	F	P	T	R	U
S	C	I	A	G	U	R	A	T	O	A	V	E	U
T	A	T	A	S	D	T	E	O	A	R	C	S	N

Maledetto	Dannato	Sciagurato	Sventurato
Infame	Perfido	Reietto	Perverso
Infausto	Malfido	Spregievole	Serpeverde

44. Signore Dio

S	M	P	I	S	C	I	A	L	E	T	T	O	F
M	M	C	T	N	D	M	T	C	A	N	E	O	P
I	N	U	R	O	G	E	A	R	L	O	L	T	O
D	S	I	I	C	P	R	N	G	U	F	O	A	P
O	P	T	S	A	A	U	A	L	P	F	T	T	O
L	O	G	G	T	A	M	R	T	E	O	R	O	T
L	T	I	O	O	A	S	I	I	O	T	O	D	A
A	C	A	Z	Z	O	N	E	A	I	R	E	O	R
T	M	E	M	R	E	V	T	I	L	E	I	T	E
O	O	E	T	P	O	I	P	P	O	I	S	T	C
N	E	O	R	Z	R	Z	O	O	I	E	N	O	I
O	D	M	R	D	L	O	L	O	C	T	E	S	R
T	T	E	E	R	A	D	L	L	E	T	N	C	T
M	E	R	L	A	O	T	O	C	L	O	P	F	C

Cazzone	Piscialetto	Merda	Cane
Pollo	Sottodotato	Reietto	Verme
Triceratopo	Smidollato	Ingrato	Gufo

Rilassati e colora il

Manda_La_Madonna

45. Santo...

O	O	L	O	R	A	F	F	U	F	O	S	I	U
O	T	O	Z	N	E	U	I	E	D	R	I	B	O
O	F	P	N	O	L	B	N	M	T	C	U	O	B
E	R	P	L	E	T	O	M	I	U	P	B	B	S
N	F	P	A	T	F	I	N	O	L	O	I	E	O
O	F	I	F	F	O	I	C	L	A	S	M	O	F
L	O	F	U	T	P	L	O	O	A	N	B	L	O
O	G	B	O	M	T	L	L	I	N	O	R	P	B
D	O	T	A	G	I	F	S	N	N	E	A	A	O
O	P	S	V	A	M	P	I	T	O	F	N	P	O
R	F	M	N	G	I	A	P	A	N	E	A	P	A
B	O	E	R	O	T	A	F	F	U	R	T	O	F
S	O	S	U	O	I	B	R	O	G	S	O	N	T
T	S	Z	M	O	L	L	U	S	C	O	T	E	T

Sgorbio Pappone Zoticone Sfigato

Imbranato Fuffarolo Mngiapane Svampito

Mollusco Sbrodolone Buffone Truffatore

46. Figlio del Creatore

R	R	O	A	B	P	O	L	T	R	O	N	E	S
A	O	L	C	A	A	I	L	G	A	N	A	C	C
N	O	O	E	C	A	O	M	I	G	E	G	O	H
G	O	C	C	U	I	L	I	A	I	C	U	M	I
O	O	C	P	C	R	E	T	I	N	O	R	E	A
R	A	O	O	C	N	R	C	B	O	B	A	Z	P
A	O	R	R	O	G	O	L	L	U	R	G	Z	P
C	U	B	C	O	D	R	O	L	A	B	N	A	A
N	G	S	E	P	O	A	D	P	C	N	Z	S	G
O	N	A	L	N	S	A	I	O	L	N	R	E	O
S	E	C	L	N	A	B	C	R	N	A	R	G	A
U	L	G	O	P	H	L	N	A	N	E	R	A	Z
A	N	O	L	O	H	O	A	A	A	A	Z	O	D
L	A	R	T	D	L	L	R	O	U	D	C	L	R

Carogna	Schiappa	Grullo	Cretino
Broccolo	Canaglia	Porcello	Poltrone
Bacucco	Rancido	Mezzasega	Balordo

47. La Madonna

N	A	A	P	Z	G	G	C	C	O	P	A	O	Z
A	Z	I	O	Z	S	B	A	C	G	C	P	B	P
G	S	A	P	T	B	A	T	D	O	Z	G	A	A
E	O	P	P	A	I	C	L	M	N	S	A	L	G
S	M	A	S	S	A	I	A	C	F	I	P	O	L
A	A	I	D	T	A	A	G	A	I	D	P	R	I
Z	R	Z	C	A	C	R	A	C	A	O	I	D	A
Z	A	E	I	I	N	A	C	B	N	A	T	A	C
E	N	C	A	Z	E	E	A	O	R	O	O	E	C
M	E	C	P	E	L	M	T	G	R	S	N	O	I
O	O	A	P	T	I	O	O	R	T	V	T	A	A
T	C	B	O	C	B	P	I	S	Z	A	A	S	G
Z	T	A	Z	A	S	L	D	A	B	O	A	A	I
L	N	A	O	S	A	A	I	I	L	A	G	G	O

Zoppa
Corva
Raspa
Gonfia
Pagliaccia
Somara
Idiota
Sbilenca
Tonta
Balorda
Mezzasega
Zecca

48. Gesù...

C	C	S	T	E	S	T	A	Q	U	A	D	R	A
O	R	O	C	C	U	N	G	E	S	A	E	F	R
R	C	I	N	V	E	R	T	E	B	R	A	T	O
A	E	V	S	A	I	O	N	T	S	C	I	R	A
S	C	R	O	C	C	O	N	E	R	O	O	I	S
I	A	A	G	A	I	O	S	C	O	L	S	E	O
C	H	O	S	C	C	L	G	R	S	A	C	N	O
A	O	U	R	P	A	R	A	S	S	I	T	A	P
C	S	E	B	S	A	N	G	U	I	S	U	G	A
N	L	O	S	O	F	I	H	C	S	A	R	I	O
H	E	N	O	I	C	C	A	R	T	S	A	C	O
H	E	R	T	O	C	A	N	S	R	A	T	T	O
I	T	O	T	A	C	I	T	A	F	S	O	C	N
S	A	C	C	A	R	C	O	T	I	L	L	A	F

Schifoso	Gnucco	Testaquadra	Parassita
Scroccone	Sanguisuga	Lercione	Sfaticato
Invertebrato	Fallito	Ratto	Straccione

Rilassati e colora il

Manda_La_Madonna

49. Gesù Toscano

E	N	O	G	E	D	O	R	B	S	N	O	L	O
C	O	G	L	I	O	N	C	E	L	L	O	E	T
H	B	E	N	L	O	E	L	T	G	C	O	C	I
N	O	O	E	I	A	O	S	O	G	E	I	C	N
G	O	N	N	H	I	E	N	P	O	N	B	A	O
O	R	G	P	S	O	E	I	P	P	O	U	C	I
C	I	U	A	T	R	O	O	O	O	T	C	U	L
O	N	O	L	N	R	N	A	N	H	N	A	L	G
P	U	O	G	L	Z	O	R	E	E	E	I	O	O
C	N	R	N	P	O	O	N	R	O	L	O	O	C
L	P	C	L	G	O	T	P	G	P	O	L	N	N
N	I	P	R	G	U	N	L	N	I	P	O	P	I
R	O	U	B	G	I	L	L	E	L	O	N	Z	R
O	O	T	N	O	C	B	I	S	C	H	E	R	O

Bucaiolo
Toppone
Grullo
Trongio
Leccaculo
Bischero
Coglioncello
Polentone
Ganzo
Rincoglionito
Sbrodegone

50. Gesù Veneto

U	N	O	G	E	D	O	R	B	S	S	C	O	O
N	R	S	R	O	D	O	A	P	O	A	M	M	T
M	N	N	O	O	N	A	I	C	B	M	O	D	S
N	U	C	O	R	R	L	L	S	D	O	D	S	T
O	O	S	O	N	O	C	O	T	C	S	P	T	R
B	A	O	E	R	A	I	O	N	N	O	E	O	U
N	P	O	O	R	I	E	O	A	C	T	M	R	C
C	I	D	O	P	U	R	N	C	A	G	N	D	O
O	S	O	S	O	I	O	B	O	I	E	O	I	N
N	T	U	C	P	M	P	L	A	N	O	U	O	O
T	O	E	C	T	O	L	R	A	C	G	N	R	O
N	L	S	C	C	I	O	P	O	P	A	A	R	O
A	A	O	C	C	N	R	O	C	N	E	N	C	B
I	S	O	A	T	R	A	C	E	D	O	M	O	S

Scagno
Stordio
Museruola
Ciopo
Pistola
Piron
Tocon
Mona
Strucon
Sbrodegon
Bacan
Omodecarta

51. Gesù in Sicilia

S	T	U	A	S	C	U	R	N	U	T	U	S	G
T	M	S	R	B	A	A	S	F	E	U	F	U	R
S	I	C	A	A	T	A	S	U	R	I	T	T	C
T	N	A	I	B	U	S	U	R	R	U	M	A	C
R	C	S	L	B	R	N	R	C	M	U	V	I	O
U	H	S	G	A	U	C	I	U	F	R	A	H	T
N	I	A	A	S	N	Z	R	R	A	A	C	C	A
Z	O	M	P	U	F	U	A	U	A	R	C	C	N
U	N	I	A	N	A	E	R	P	R	C	A	A	I
T	E	N	S	A	A	C	T	F	I	T	R	N	M
U	M	C	S	Z	N	P	R	U	P	H	U	R	I
T	A	H	A	Z	A	N	A	A	S	I	N	U	R
T	U	I	C	U	U	R	H	O	A	U	I	C	R
H	T	A	S	P	U	T	A	F	O	C	U	S	A

Camurrusu
Fetusu
Scassapagliara
Scurnacchiatu
Minchione
Vaccaruni
Scassaminchia
Sbabbasunnazzu
Strunzutu
Arrimanato
Sputafocu

52. Dio Globetrotter

D	D	O	U	C	H	E	B	A	G	K	F	L	E
I	I	D	U	M	M	K	P	O	F	A	H	L	C
C	I	S	K	L	S	C	H	W	E	I	N	A	O
K	L	O	O	T	Z	A	K	H	O	D	S	W	A
D	R	E	C	K	S	A	C	K	Z	F	G	O	Z
C	O	B	C	U	O	K	C	A	B	R	O	N	E
K	A	B	P	H	N	O	L	K	S	W	K	K	F
F	H	S	E	P	P	E	N	D	E	J	O	D	F
N	S	C	H	L	A	M	P	E	E	P	L	E	A
A	O	E	E	I	K	E	L	R	E	D	L	S	L
H	S	R	F	N	A	R	S	C	H	L	O	C	H
F	C	D	H	U	N	O	O	O	M	I	D	U	D
C	A	P	O	H	N	Z	N	B	E	S	S	G	U
E	C	G	O	F	U	D	I	D	O	C	I	E	E

Arschloch
Drecksack
Cabron
Dummkpof
Douchebag
Schlampe
Schwein
Fudido
Laffe
Eikel
Pendejo
Klootzak

Rilassati e colora il

Manda_La_Madonna

SOLUZIONI

SOLUZIONE 1

F	O	L	I	F	T	E	U	O	M	A	I	I	L
B	O	I	A	D	R	I	L	L	A	D	R	O	O
L	A	N	N	O	A	E	N	F	A	R	A	S	L
P	O	R	C	O	N	P	E	F	B	I	R	C	E
A	O	N	I	P	E	E	M	L	A	T	D	E	R
N	L	S	E	S	C	I	A	B	U	M	O	O	C
T	A	O	U	C	A	O	L	M	O	R	E	C	I
T	A	C	D	H	H	E	E	A	F	N	I	E	O
O	D	O	O	I	P	I	D	I	E	A	I	D	E
O	C	A	C	F	O	B	E	A	T	L	R	N	O
E	N	O	A	O	O	C	T	L	E	T	N	O	O
L	P	U	N	S	A	A	T	E	N	I	L	M	L
I	E	L	E	O	O	A	O	T	T	I	I	E	T
E	O	T	A	D	O	F	E	S	E	I	S	N	I

SOLUZIONE 2

I	A	G	A	U	A	N	O	T	T	A	B	A	T
C	A	G	A	M	I	N	C	H	I	A	E	T	A
A	D	F	S	A	H	C	A	G	N	C	C	A	S
F	M	A	N	N	A	I	A	O	I	R	N	R	U
I	I	N	A	A	A	C	D	R	N	I	T	B	C
G	I	P	I	T	F	C	T	A	N	R	C	B	C
A	P	U	C	T	L	E	A	B	I	F	E	A	H
D	O	C	N	S	R	A	A	G	E	F	A	L	I
I	A	I	C	E	A	A	A	A	N	C	A	S	A
L	B	I	M	E	B	A	U	O	A	A	F	G	P
E	A	D	I	R	U	L	U	E	E	I	O	A	A
G	A	C	C	E	S	A	D	R	E	M	R	A	L
N	G	E	T	A	A	T	A	U	G	E	C	E	L
O	P	U	T	T	A	N	A	A	N	A	S	L	E

SOLUZIONE 3

T	Z	S	M	M	E	T	S	E	N	A	E	T	I
T	A	M	E	P	U	Z	U	N	O	L	R	O	E
S	M	S	R	E	G	S	E	G	A	I	O	L	O
C	A	P	D	Z	N	O	O	L	Z	E	C	O	N
P	N	U	A	Z	A	L	E	C	U	E	U	I	A
O	G	T	S	E	S	U	A	C	T	N	C	C	G
T	I	A	E	N	A	C	A	S	A	A	O	R	E
T	A	M	C	T	I	N	I	U	N	C	N	E	T
A	C	E	C	E	H	I	A	E	E	R	L	L	T
R	A	R	A	S	C	T	A	C	A	A	T	L	A
Z	Z	D	I	M	C	T	M	I	I	U	A	A	C
E	Z	A	A	A	U	O	D	A	U	M	A	M	R
U	I	P	E	M	S	R	M	L	I	I	C	A	T
C	E	I	M	P	E	S	T	A	T	O	S	I	M

SOLUZIONE 4

O	C	L	A	D	R	E	M	A	C	C	E	L	C
P	E	C	O	R	O	N	E	S	R	A	C	P	A
T	E	A	S	R	L	M	L	T	O	C	C	A	N
P	M	O	C	I	O	L	I	R	R	A	I	L	C
O	C	E	M	E	E	O	C	I	O	C	U	L	E
C	O	P	C	O	O	R	A	S	T	A	I	E	R
O	D	Z	O	M	B	I	E	C	T	S	M	M	O
G	C	C	P	L	L	C	T	I	I	P	C	O	G
L	R	A	M	M	N	C	M	A	N	I	O	S	E
I	Z	A	O	I	O	A	E	N	C	L	E	C	N
O	R	M	P	N	I	M	E	T	U	L	A	E	O
N	C	C	U	A	B	O	L	E	L	I	G	I	A
E	A	O	L	A	E	O	E	O	O	C	O	A	A
C	C	E	M	U	M	M	I	A	P	T	A	S	C

SOLUZIONE 5

L	I	I	O	T	D	O	T	A	G	I	F	S	E
A	A	N	A	R	O	M	P	I	P	A	L	L	E
O	D	E	F	I	C	I	E	N	T	E	E	A	E
L	Z	O	O	A	P	O	E	A	P	S	L	C	D
L	A	N	N	I	A	T	N	L	L	C	E	O	E
C	S	G	O	G	O	D	I	N	E	A	N	G	I
I	T	S	S	R	C	N	L	I	I	S	O	L	P
S	N	A	N	A	T	I	F	F	O	S	I	I	L
I	A	A	T	N	L	S	Z	A	E	A	L	O	A
L	T	C	A	N	E	I	I	L	A	P	G	N	L
A	O	O	E	L	E	D	N	L	R	A	O	A	L
O	I	F	C	S	I	L	O	I	C	L	C	Z	A
S	D	E	I	P	A	E	C	T	E	L	N	Z	P
L	I	A	E	D	A	A	O	O	I	E	D	O	I

SOLUZIONE 6

S	N	S	E	N	Z	A	P	A	L	L	E	A	E
F	F	A	L	L	I	T	O	C	T	S	T	D	L
I	A	G	E	S	A	Z	Z	E	M	L	E	R	A
G	O	M	M	L	E	R	C	I	O	I	G	E	M
A	F	A	E	O	E	I	C	I	R	D	P	M	N
T	N	R	I	E	N	C	T	S	C	I	A	A	O
O	I	R	O	L	O	U	A	A	T	O	O	I	C
I	M	E	E	Z	D	C	N	G	A	T	R	H	U
S	Z	A	A	G	R	L	L	D	O	A	E	C	L
T	E	N	E	C	E	E	E	C	T	N	I	C	A
A	E	I	G	C	M	T	L	A	O	O	E	U	E
N	C	F	O	T	T	U	T	O	O	L	F	S	O
I	T	I	O	U	M	I	N	C	A	P	A	C	E
N	I	N	F	A	M	E	O	I	I	L	O	T	S

SOLUZIONE 7

F	M	E	Z	Z	O	C	O	G	L	I	O	N	E
N	I	O	T	A	C	I	T	A	F	S	P	M	A
I	F	H	F	N	M	G	F	C	E	F	T	A	N
F	S	A	O	T	I	L	L	A	F	E	E	I	G
T	E	N	A	E	A	Z	Z	L	E	T	A	A	M
Z	E	I	Z	Z	A	C	A	C	C	E	L	L	M
O	A	E	Z	O	L	O	C	I	Z	N	S	E	O
E	M	A	F	N	I	E	I	A	M	T	E	E	E
A	T	R	F	P	E	Z	Z	N	E	E	I	E	A
E	M	A	N	G	I	A	M	E	R	D	A	A	A
S	O	A	T	C	A	G	A	C	A	Z	Z	I	N
A	G	G	O	R	R	E	H	G	S	O	C	N	T
O	O	Z	A	I	O	O	E	S	P	O	R	C	O
M	Z	E	F	I	M	O	T	U	T	T	O	F	Z

SOLUZIONE 8

E	E	L	C	S	C	L	A	C	P	A	G	S	A
L	L	A	G	A	L	E	H	B	A	I	P	E	I
A	L	T	E	D	R	C	A	U	L	A	U	A	C
O	A	R	A	S	A	C	L	U	R	I	D	A	A
I	P	I	S	G	U	A	L	D	R	I	N	A	U
V	A	N	U	A	I	C	A	L	O	C	C	O	Z
I	I	A	S	U	A	U	P	I	M	D	A	R	U
C	H	S	L	L	B	L	D	R	A	A	R	G	S
A	C	N	C	G	A	I	A	A	I	Z	I	L	M
G	C	A	C	I	L	B	A	G	A	S	C	I	A
N	U	I	G	N	D	A	I	Z	L	A	I	G	A
A	S	P	O	R	C	A	E	A	A	A	G	P	C
O	U	T	R	O	I	A	U	C	C	E	I	O	U
N	U	A	D	O	N	B	R	A	R	G	A	U	I

SOLUZIONE 9

I	I	I	R	I	O	F	A	L	L	I	T	I	I
L	P	M	O	O	T	I	M	I	T	I	B	L	T
L	A	B	M	C	L	I	I	U	E	C	B	O	L
O	L	E	P	I	D	I	R	U	L	I	S	R	I
M	L	C	I	O	E	A	O	N	I	S	R	Z	P
E	E	I	C	L	I	I	P	A	F	P	N	I	E
P	M	L	O	E	N	E	R	I	M	O	O	I	L
P	O	L	G	S	O	P	G	O	R	N	O	N	A
A	S	I	L	I	M	A	S	T	Z	L	A	I	N
P	C	I	I	P	T	I	S	L	N	C	O	S	D
E	E	P	O	I	T	O	E	I	E	N	L	A	R
D	I	A	N	I	N	P	I	L	I	I	M	C	O
T	I	P	I	I	S	E	L	V	E	R	M	I	N
C	R	I	N	C	O	G	L	I	O	N	I	T	I

SOLUZIONE 10

T	U	N	L	F	S	I	N	U	F	O	M	I	M
S	D	P	D	I	E	U	L	T	N	L	A	U	A
C	Z	U	I	I	L	S	D	O	O	U	I	L	N
H	L	T	I	R	F	O	S	I	O	C	A	A	N
I	P	T	O	A	A	L	S	O	C	N	L	I	A
F	N	A	T	N	T	U	I	U	C	I	E	O	R
O	P	N	I	D	A	C	Z	S	T	Z	O	I	O
S	E	I	L	A	G	N	T	C	C	Z	O	R	D
O	Z	E	L	G	T	I	L	L	G	A	Z	O	R
E	Z	R	O	I	I	O	T	S	I	C	T	C	C
O	E	E	B	O	O	T	A	G	I	F	S	I	C
R	N	P	O	Z	M	I	P	O	F	G	A	U	D
T	T	O	O	O	Z	D	N	H	I	A	A	L	H
L	E	E	N	D	P	H	D	Z	O	O	C	N	Z

SOLUZIONE 11

O	L	C	I	M	I	C	E	C	N	E	S	O	O
O	L	I	A	S	A	P	R	Q	U	E	L	U	A
P	S	O	E	E	R	M	E	N	R	G	G	I	O
O	C	R	M	A	L	P	G	E	N	L	E	O	L
R	O	O	A	A	I	E	I	S	Q	U	A	L	O
C	R	R	O	L	L	E	R	T	S	I	P	I	P
O	P	O	E	A	O	S	O	G	P	Q	C	N	C
E	I	T	E	S	A	N	G	U	I	S	U	G	A
A	O	I	M	O	E	E	T	N	E	P	R	E	S
R	N	R	G	I	E	C	I	I	L	S	C	O	O
U	E	O	E	G	M	M	A	P	O	L	O	O	G
P	O	R	R	O	R	N	R	I	U	R	A	R	E
P	O	V	E	L	E	T	R	A	G	N	O	A	I
C	A	N	E	R	V	V	P	S	E	E	A	P	R

SOLUZIONE 12

F	P	T	I	T	M	P	C	A	A	N	H	R	M
D	I	S	I	N	F	E	S	T	A	T	O	R	E
I	E	I	T	T	A	I	P	A	V	A	L	C	A
E	R	O	T	A	C	S	E	P	O	I	P	O	N
V	M	I	N	A	T	O	R	E	E	I	S	N	S
E	R	E	I	Z	Z	E	P	P	A	T	T	I	C
F	A	S	Z	R	L	D	M	P	T	T	U	Z	S
T	L	T	B	E	I	I	I	I	B	M	R	Z	I
O	O	S	M	R	F	A	B	B	R	O	A	A	P
R	N	T	Z	R	F	R	O	R	E	F	T	P	C
I	M	B	I	A	N	C	H	I	N	O	O	S	A
M	A	C	E	L	L	A	I	O	I	E	R	T	N
S	E	I	O	N	I	B	R	U	T	T	E	N	L
O	O	N	I	M	A	C	A	Z	Z	A	P	S	U

SOLUZIONE 13

E	P	U	T	T	A	N	A	V	E	N	E	R	E
C	T	R	O	O	A	C	E	O	R	T	R	U	T
I	T	A	E	C	I	R	T	I	T	T	A	B	E
R	I	S	E	R	A	L	O	I	C	C	U	L	G
T	R	T	R	O	C	S	E	T	C	A	T	O	R
A	I	B	C	Z	O	C	C	O	L	A	R	C	T
R	A	E	A	I	C	S	A	G	A	B	A	O	E
I	S	C	O	R	T	E	C	A	N	A	T	T	R
G	A	C	A	O	L	L	I	U	Q	S	C	I	A
G	E	R	A	Q	E	C	I	R	T	E	R	E	M
A	P	G	O	P	R	O	S	T	I	T	U	T	A
R	R	E	N	L	P	E	P	S	U	G	O	G	T
U	T	G	I	A	O	R	N	A	R	A	I	S	C
R	O	G	I	R	I	T	C	Z	C	N	L	R	O

SOLUZIONE 14

I	I	N	C	O	M	P	E	T	E	N	T	I	L
H	I	Z	B	U	F	F	O	N	I	C	T	O	B
I	I	T	Z	Z	T	M	O	C	R	I	I	Z	P
E	L	E	C	O	I	R	C	Z	R	L	L	I	D
T	I	I	P	B	Z	V	E	E	A	A	Z	T	I
O	Z	R	Z	I	M	A	L	E	D	E	T	T	I
O	P	E	Z	Z	E	N	T	I	T	I	O	T	E
I	I	C	C	A	I	L	G	A	P	A	A	H	I
T	E	A	C	O	D	A	R	D	I	T	E	C	I
I	N	O	R	T	L	A	I	C	E	L	I	A	C
C	L	P	G	C	I	C	F	I	E	M	I	L	E
D	I	M	B	E	C	I	L	L	I	F	C	M	A
F	I	O	T	Z	G	B	C	P	F	N	E	N	R
A	I	T	N	I	H	C	C	A	I	L	G	I	V

SOLUZIONE 15

P	I	C	A	L	T	N	D	P	S	I	B	L	E
T	E	E	L	L	I	C	E	B	M	I	I	I	T
C	E	O	T	T	U	S	O	T	N	O	T	M	N
O	U	I	O	I	N	S	I	P	I	D	O	T	S
O	T	E	O	N	I	T	E	R	C	I	I	I	N
E	E	L	N	S	T	U	P	I	D	O	N	O	N
E	O	T	T	A	C	E	T	N	E	M	C	S	M
D	I	C	B	D	N	M	L	E	I	O	C	M	O
E	M	I	N	C	H	I	O	N	E	T	E	C	H
M	N	N	A	D	T	T	U	P	N	N	T	N	C
E	C	A	P	A	C	N	I	P	T	B	E	A	T
N	S	T	O	L	T	O	L	N	D	C	O	N	B
T	P	A	I	D	I	O	T	A	T	I	U	C	D
E	O	I	T	I	E	I	L	T	P	E	O	E	C

SOLUZIONE 16

L	T	A	A	N	C	A	N	A	G	L	I	A	R
G	A	C	D	A	O	M	T	R	P	O	A	O	R
G	I	A	O	A	D	M	R	A	M	C	O	O	L
R	C	G	O	V	A	M	E	M	G	M	A	O	P
O	C	A	L	I	R	I	M	M	D	C	U	O	A
T	A	S	T	I	D	R	A	O	I	R	M	E	P
A	C	O	R	A	O	A	R	L	C	U	C	N	P
L	A	T	A	T	A	A	E	L	G	A	A	A	A
L	S	T	D	V	I	G	L	I	A	C	C	O	M
O	O	O	I	R	A	A	L	T	O	T	T	R	O
D	T	A	T	O	A	A	A	O	E	R	L	F	L
I	T	A	O	O	R	N	C	S	R	O	O	D	L
M	O	C	R	R	T	A	M	E	R	D	A	L	A
S	O	L	E	D	F	U	G	G	I	T	I	V	O

SOLUZIONE 17

C	T	S	S	R	N	E	O	R	L	A	I	I	R
D	A	F	A	M	R	R	O	R	O	S	P	O	E
N	E	R	I	L	T	O	V	L	M	O	E	C	R
E	L	U	R	E	C	T	D	E	C	L	O	O	L
F	C	T	C	C	A	A	V	T	I	E	O	F	A
O	I	T	R	C	V	F	S	R	A	C	D	S	D
T	T	A	R	A	V	F	C	N	L	C	S	O	R
T	E	T	F	C	O	U	R	U	T	A	E	A	U
I	C	O	A	U	L	R	O	S	R	P	G	O	N
M	M	R	R	L	T	T	C	U	O	I	A	A	C
A	E	E	O	O	O	P	C	O	N	E	I	C	O
D	R	I	T	L	I	A	O	I	E	D	O	L	L
R	D	R	F	L	O	O	N	T	D	I	L	C	O
I	A	N	S	L	O	I	E	F	V	T	O	A	O

SOLUZIONE 18

V	I	S	C	I	D	A	A	O	E	D	I	I	A
O	A	L	A	L	O	I	A	C	U	B	C	A	N
S	R	O	A	I	L	E	C	C	A	C	U	L	O
A	O	R	R	T	A	C	A	R	O	G	N	A	Z
T	R	A	D	I	T	R	I	C	E	T	A	L	O
A	A	N	A	R	E	P	I	V	N	E	I	A	E
C	I	A	L	T	R	O	N	A	U	F	T	E	S
C	R	O	A	E	M	A	F	N	I	A	L	S	I
B	E	P	R	E	S	I	P	O	C	R	I	T	A
T	C	V	E	N	D	U	T	A	R	A	L	S	O
B	R	C	V	O	I	A	E	A	C	U	I	I	C
P	C	V	I	N	L	P	E	R	C	C	A	E	A
L	I	T	C	A	I	I	E	P	D	I	F	E	I
S	U	C	C	H	I	A	C	A	Z	Z	I	D	G

SOLUZIONE 19

F	R	A	D	I	C	I	A	A	S	E	A	P	S
F	S	I	S	A	I	M	A	R	E	P	I	V	S
T	A	F	P	E	D	E	R	A	S	T	A	G	R
R	N	L	E	C	C	A	C	A	Z	Z	I	G	S
G	G	L	A	G	E	R	T	S	C	S	I	G	M
P	U	C	I	D	A	S	S	E	P	R	E	S	A
T	I	P	E	A	L	L	A	G	E	M	E	D	L
I	S	C	T	C	D	I	A	E	S	S	G	S	E
R	U	D	A	A	A	A	U	P	C	A	S	Z	F
A	G	N	U	T	C	A	R	O	G	N	A	N	I
D	A	G	Z	N	N	G	A	I	E	I	A	R	C
M	M	E	R	D	A	S	E	C	C	A	E	M	A
E	S	C	I	A	M	P	I	S	T	A	A	P	A
C	C	M	S	A	A	Z	N	O	R	T	S	O	M

SOLUZIONE 20

M	E	I	G	N	O	B	I	L	I	O	N	T	I
E	C	O	C	A	D	D	G	I	B	L	D	L	I
R	S	I	A	A	E	A	N	A	E	E	C	C	S
D	O	I	A	O	L	A	L	L	N	L	A	I	M
E	M	N	T	C	C	A	L	N	A	I	C	I	I
C	E	O	N	O	I	A	I	G	H	L	A	N	D
D	L	I	I	C	P	I	V	C	I	C	S	F	O
R	L	H	S	A	N	C	C	O	F	O	O	A	L
C	A	C	Z	C	M	A	I	P	L	D	T	M	L
E	P	N	F	M	I	G	A	L	L	A	T	I	A
I	E	I	I	L	N	O	A	F	N	R	O	N	T
S	G	M	G	M	R	N	L	L	I	D	L	M	I
L	I	I	D	O	E	I	I	A	P	I	G	L	D
H	V	C	C	R	L	O	I	I	A	E	A	L	L

SOLUZIONE 21

C	N	C	D	E	F	I	C	I	E	N	T	E	P
O	A	L	N	T	T	C	A	T	E	I	F	E	T
C	S	Z	O	L	O	G	N	A	S	U	T	T	O
T	A	S	Z	E	L	L	M	O	C	O	E	A	T
O	T	N	I	O	D	C	Z	T	O	M	N	U	M
T	A	N	E	T	N	I	P	T	C	E	O	Z	E
L	I	C	O	I	A	E	P	I	F	N	I	L	M
O	N	E	O	N	I	U	O	T	N	T	L	N	C
T	S	E	A	U	P	N	G	I	E	E	G	C	N
S	O	O	M	M	P	C	C	M	P	C	O	P	T
U	A	S	E	I	E	T	T	T	E	A	C	I	O
L	R	R	A	C	R	L	A	P	N	T	L	R	T
G	P	E	A	S	P	P	O	P	C	T	R	L	P
C	I	E	M	E	R	D	I	N	A	O	E	A	T

SOLUZIONE 22

A	T	C	T	A	T	S	A	S	S	S	T	Z	B
F	M	M	R	P	G	C	F	M	Q	C	Z	O	S
D	E	P	V	A	O	T	C	A	U	H	E	C	U
E	R	L	P	A	E	I	C	L	I	I	B	C	C
L	E	L	U	A	C	L	I	E	R	F	T	O	C
L	T	E	T	R	L	C	C	D	T	O	L	L	H
A	R	R	T	U	S	L	A	E	A	S	T	A	I
P	I	C	A	C	E	C	E	T	T	A	P	S	A
A	C	I	N	U	H	R	A	T	R	Z	R	Z	C
C	E	A	A	U	H	I	G	A	I	H	U	A	A
C	S	T	H	A	A	C	A	O	C	O	Z	E	Z
E	A	I	C	S	A	G	A	B	E	L	A	E	Z
L	L	Z	I	A	E	R	A	I	S	A	D	A	I
O	L	S	G	U	A	L	D	R	I	N	A	R	D

SOLUZIONE 23

R	A	O	I	F	S	E	T	E	A	A	N	I	E
E	R	E	L	A	M	U	N	T	U	R	C	O	R
O	N	R	E	L	C	A	A	N	N	C	C	I	A
H	A	O	C	S	L	A	I	E	A	E	L	P	N
R	E	T	C	O	A	C	S	P	O	N	T	N	G
O	P	I	A	R	F	D	E	R	I	A	O	N	O
T	A	D	C	S	L	M	O	E	O	L	A	R	R
T	R	A	U	H	A	L	A	S	R	I	C	T	A
I	A	R	L	R	S	N	P	I	C	O	I	U	C
N	C	T	O	T	S	C	H	I	F	O	S	O	A
C	U	A	A	D	R	E	M	A	T	U	P	S	I
U	L	U	F	C	I	T	A	V	I	L	E	T	A
L	O	I	O	R	E	O	P	O	T	E	A	E	R
O	F	E	E	E	M	A	F	N	I	S	P	S	F

SOLUZIONE 24

S	U	C	C	H	I	A	C	A	Z	Z	I	I	A
Z	A	G	L	E	C	C	A	C	A	Z	Z	I	A
A	A	S	A	A	C	C	A	A	S	C	C	N	A
L	I	T	T	S	C	M	T	C	I	R	A	C	C
A	C	R	A	Z	A	A	T	E	E	R	I	N	R
I	C	A	G	L	B	I	O	L	L	A	C	S	O
A	A	C	E	S	S	A	N	A	A	A	C	A	S
M	N	C	L	E	A	I	G	F	I	C	A	C	M
C	A	I	A	C	M	C	I	O	A	A	I	S	L
Z	T	A	I	E	G	I	M	R	L	C	O	L	L
H	T	F	T	C	I	I	C	C	L	F	R	O	A
A	U	I	C	Z	E	A	A	S	N	I	T	S	A
C	P	G	F	A	Z	B	A	G	A	S	C	I	A
S	C	A	A	I	C	I	M	S	C	C	I	R	G

SOLUZIONE 25

P	I	A	P	F	O	T	T	I	M	O	R	T	I
A	C	I	I	A	T	C	S	A	I	O	I	A	A
C	A	M	P	D	I	A	O	P	I	R	L	A	M
C	A	H	P	R	M	A	A	A	O	A	L	I	C
E	I	O	A	E	O	P	I	E	C	E	A	O	G
S	I	I	I	M	R	P	N	L	S	P	T	A	O
A	S	C	O	N	A	T	S	A	R	E	D	E	P
I	T	E	L	O	E	T	C	P	I	A	E	E	A
H	R	N	O	E	S	A	M	A	I	A	L	E	A
C	O	E	L	L	A	P	A	I	H	C	C	U	S
N	N	S	F	I	G	A	T	O	M	A	N	E	G
I	Z	I	C	C	R	E	N	O	G	A	C	R	L
M	O	H	E	D	I	L	A	A	H	D	L	A	L
L	E	C	C	A	C	E	S	S	I	E	G	E	L

SOLUZIONE 26

O	S	L	E	C	C	A	M	U	T	A	N	D	E
S	T	R	A	C	C	I	A	C	A	Z	Z	I	I
I	M	E	R	D	A	A	I	I	S	A	S	T	T
Z	A	I	C	S	A	G	A	B	A	O	C	R	C
Z	A	R	Z	S	C	C	I	A	R	O	T	O	D
A	P	U	T	T	A	N	A	C	C	I	A	I	F
C	S	U	A	R	A	R	A	B	T	M	O	A	B
A	A	M	A	I	A	L	A	R	I	C	P	U	O
R	I	A	E	I	T	S	I	E	C	S	R	C	G
P	S	C	C	C	R	C	R	A	C	Z	C	U	O
U	Z	R	D	A	R	R	A	A	E	C	O	I	C
T	F	I	G	A	R	O	T	T	A	I	U	A	A
S	T	A	S	F	S	F	A	C	R	I	C	U	U
I	C	A	I	O	Z	A	A	I	A	N	P	S	Z

SOLUZIONE 27

F	O	T	T	I	B	U	C	H	I	N	L	I	Z
V	I	S	C	I	D	O	S	E	R	P	E	R	A
I	O	I	C	S	I	P	I	D	O	C	C	A	S
P	L	Z	H	C	A	T	I	I	R	O	S	P	S
S	T	R	A	P	P	A	C	A	Z	Z	I	L	R
H	C	A	A	R	S	E	G	A	I	O	L	O	P
I	G	E	A	M	A	L	A	N	D	R	I	N	O
G	R	A	T	T	A	P	A	L	L	E	T	P	A
B	C	I	L	U	C	A	C	C	A	P	S	G	A
Z	Z	S	U	C	C	H	I	A	C	A	Z	Z	I
Z	P	C	V	T	O	P	O	R	A	G	N	O	R
S	I	E	G	N	I	O	G	C	T	O	L	I	L
U	P	U	U	S	I	C	P	R	T	C	G	I	G
L	I	S	C	I	S	P	I	P	P	A	S	I	A

SOLUZIONE 28

R	C	I	U	C	C	I	A	M	E	R	D	A	S
C	G	O	I	P	A	D	A	C	O	N	C	R	E
A	R	I	A	P	A	L	O	P	C	A	E	F	R
Z	A	I	L	F	C	A	E	S	G	L	E	O	P
Z	T	C	N	E	C	C	A	A	L	I	P	T	I
O	T	R	P	N	U	R	C	A	N	O	O	T	Z
S	A	A	Z	P	T	A	P	R	I	Z	M	U	T
P	P	M	A	Z	Z	A	S	T	L	L	E	T	P
E	A	I	I	Z	Z	E	S	I	T	S	I	I	O
N	L	I	I	N	T	A	P	T	C	A	N	F	U
T	L	U	E	C	A	N	E	L	M	I	A	R	L
O	E	S	I	T	N	E	Z	Z	E	P	C	A	N
Z	A	S	A	B	U	C	A	I	O	L	I	A	I
C	I	R	C	L	E	P	O	R	C	I	L	I	M

SOLUZIONE 29

M	L	T	I	P	A	E	O	A	L	A	T	C	N
A	M	O	C	R	O	P	T	R	R	G	N	E	A
N	A	N	Z	T	N	C	C	O	S	T	O	A	A
G	I	C	D	E	C	A	N	E	E	L	M	Z	P
I	A	I	I	R	A	C	O	N	D	O	C	D	U
A	L	I	N	C	U	L	A	C	A	P	R	E	N
M	E	M	E	R	D	A	S	E	C	C	A	C	C
E	S	E	R	P	E	L	S	G	E	A	A	T	C
R	C	C	L	E	G	E	T	E	L	S	A	O	E
D	E	A	Z	P	I	T	A	R	C	L	T	D	R
A	R	O	T	T	I	N	C	U	L	O	O	A	T
P	A	C	G	I	O	A	F	O	T	T	U	T	O
A	O	I	Z	Z	A	C	A	T	T	A	R	G	L
A	L	I	O	L	L	E	R	T	S	I	P	I	P

SOLUZIONE 30

Z	P	S	A	N	G	U	I	S	U	G	A	T	B
A	A	P	L	T	A	N	P	T	T	I	T	G	E
Z	T	E	O	N	A	L	L	T	I	E	I	E	C
L	P	S	G	R	U	T	A	R	R	P	P	U	A
L	A	I	G	A	L	A	M	I	E	R	N	I	T
L	T	M	M	A	I	A	L	A	I	E	A	A	S
E	G	U	I	G	P	C	U	T	R	S	P	T	A
I	C	U	T	L	L	A	M	N	T	O	I	T	M
N	N	I	A	O	I	M	A	A	A	T	B	A	A
L	I	A	M	O	P	A	C	G	G	M	A	L	M
U	R	I	R	I	S	A	A	S	I	B	N	B	R
M	I	T	I	A	C	P	I	A	T	T	O	L	A
P	L	U	N	G	Z	I	T	E	L	L	A	O	T
I	I	R	I	S	L	A	U	L	S	P	O	M	T

SOLUZIONE 31

L	I	C	V	I	S	A	T	T	E	I	E	E	T
F	I	P	U	T	T	A	N	I	E	R	E	T	O
M	U	G	S	T	E	N	O	C	C	O	R	C	S
E	E	R	R	C	C	O	I	S	I	I	O	I	A
N	P	S	F	O	P	I	A	G	N	O	N	E	T
O	A	L	C	A	O	A	I	F	I	T	C	O	T
R	R	O	E	H	N	N	C	O	N	L	T	A	R
T	A	T	Z	T	I	T	T	N	O	O	A	L	A
L	S	A	E	A	O	N	E	E	T	V	O	N	D
A	S	A	C	R	L	I	O	O	R	V	N	C	I
I	I	N	C	D	O	S	O	U	A	A	R	F	T
C	T	I	A	A	O	D	R	A	D	O	C	A	O
N	A	L	Z	N	A	D	N	N	I	D	C	V	R
H	C	T	E	M	A	F	N	I	E	R	E	T	E

SOLUZIONE 32

C	G	I	O	S	I	A	I	S	O	M	A	R	O
A	B	P	S	U	B	D	O	L	O	A	O	F	O
R	I	O	O	C	O	A	O	N	F	B	D	O	T
O	E	C	R	N	O	I	R	L	S	C	S	L	N
G	N	R	R	O	B	O	S	O	D	O	U	P	O
N	A	I	A	A	A	S	I	O	R	R	O	I	B
A	U	T	P	I	R	D	R	I	I	S	C	E	P
B	R	A	E	N	I	O	T	D	B	C	N	R	M
N	O	R	R	O	M	N	O	I	A	O	B	A	A
O	P	U	F	I	E	A	R	I	F	L	A	L	O
B	O	R	I	M	F	R	L	F	O	A	R	D	O
P	B	M	D	N	O	G	U	I	I	A	B	R	A
S	I	A	O	R	A	B	O	O	I	D	R	O	S
A	O	A	I	P	R	E	B	P	S	F	O	O	O

SOLUZIONE 33

U	T	S	T	U	T	R	U	F	F	I	A	N	O
F	R	L	T	O	R	V	O	S	O	I	D	O	T
U	P	R	O	F	I	T	T	A	T	O	R	E	O
R	O	E	T	N	A	F	O	T	S	E	L	F	D
F	M	M	E	R	D	A	S	E	C	C	A	M	O
A	E	O	A	R	A	T	R	O	E	F	F	F	C
N	A	A	C	M	A	L	F	A	T	T	O	R	E
T	E	R	O	T	A	F	F	U	R	T	U	E	A
E	V	T	E	F	F	T	M	O	N	S	P	E	O
O	E	C	U	U	O	F	T	A	T	O	C	M	O
P	F	I	R	F	A	O	E	N	I	F	L	T	I
S	P	O	R	C	O	O	I	E	T	A	N	E	I
U	O	O	F	C	E	E	C	U	T	E	L	M	E
S	P	E	C	U	L	A	T	O	R	E	T	E	O

SOLUZIONE 34

S	P	M	N	N	O	I	H	C	C	O	D	I	P
R	T	O	C	U	R	S	A	P	T	N	G	T	U
D	P	A	O	V	N	T	P	N	R	I	O	P	A
O	N	A	A	E	I	M	P	O	S	T	O	R	E
E	M	R	A	R	T	V	T	M	E	F	R	A	S
R	A	A	F	M	R	H	I	O	S	F	I	O	I
A	L	U	G	E	M	E	T	O	T	U	O	T	T
T	F	N	E	T	T	U	R	B	I	N	O	O	O
T	A	O	P	S	E	G	A	I	O	L	O	O	S
O	T	M	P	E	V	O	T	P	S	T	S	A	F
T	T	U	A	G	U	S	I	U	G	N	A	S	M
E	O	O	S	C	A	R	I	C	A	T	O	R	E
E	R	O	T	A	G	R	U	P	S	L	N	I	I
B	E	R	O	T	A	F	F	U	R	T	T	A	O

SOLUZIONE 35

T	E	T	N	E	U	Q	N	I	L	E	D	L	I
V	U	O	L	E	C	C	A	C	A	Z	Z	I	N
E	O	Q	S	C	E	L	L	E	R	A	T	O	L
R	O	N	I	H	C	C	E	B	R	L	T	E	U
M	O	L	C	L	P	B	I	G	E	A	O	O	S
I	Z	A	A	V	P	Q	M	I	N	L	N	V	T
C	Z	V	L	I	I	I	D	S	O	B	A	A	R
I	A	A	O	T	A	P	A	A	T	U	L	I	A
A	P	P	I	E	V	N	E	A	I	G	L	N	M
T	E	I	T	E	I	T	I	R	P	I	I	P	E
T	N	A	T	O	O	I	Z	T	A	A	V	Z	R
O	A	T	I	C	E	P	V	O	T	R	L	T	D
L	C	T	E	A	A	Z	S	L	E	D	E	I	A
O	A	I	E	A	R	T	L	C	I	O	E	S	R

SOLUZIONE 36

A	A	H	N	A	R	I	P	L	O	A	E	O	O
A	H	F	T	B	F	N	O	T	A	V	L	H	T
N	E	K	A	R	K	N	T	A	L	V	M	I	A
O	T	N	I	G	A	E	V	S	R	O	A	Z	I
N	D	E	P	R	A	V	A	T	O	L	N	I	Z
A	I	S	G	E	A	T	A	O	O	T	T	I	A
P	S	N	G	O	A	E	T	O	H	O	I	N	R
O	N	G	A	R	M	K	I	O	R	I	D	T	G
A	P	N	L	A	T	A	E	R	T	O	E	O	S
E	M	A	L	E	D	E	T	T	O	V	O	A	I
L	I	N	F	I	N	G	A	R	D	O	F	Z	D
O	P	E	R	V	E	R	S	O	G	A	V	I	L
O	M	I	G	N	O	B	I	L	E	I	I	P	I
T	A	G	L	I	A	L	E	G	N	A	G	H	R

SOLUZIONE 37

T	T	I	P	A	A	M	A	U	A	A	A	C	T
A	M	S	V	F	M	A	I	A	T	E	I	A	A
T	V	A	T	S	E	F	E	A	A	S	F	D	C
T	A	V	A	S	F	A	L	A	O	R	E	R	I
E	A	M	L	C	S	L	I	T	O	O	C	O	F
D	S	I	U	I	A	L	V	A	E	E	O	G	E
E	O	O	M	O	L	I	A	A	E	A	C	A	L
L	S	E	A	C	B	T	T	R	L	I	R	T	A
A	E	I	C	C	L	A	A	A	R	I	U	A	M
M	A	A	A	A	A	T	I	I	M	P	U	R	A
S	O	T	T	U	S	A	A	T	U	C	L	E	S
E	A	L	A	S	C	I	A	M	P	I	S	T	A
A	L	V	L	I	R	T	E	V	A	V	A	L	A
V	E	O	I	E	A	A	I	V	O	A	A	E	T

SOLUZIONE 38

S	U	C	C	H	I	A	T	U	T	T	O	P	D
C	N	R	A	C	C	A	R	D	L	A	B	U	O
E	Z	A	Z	O	L	L	I	U	Q	S	T	T	O
O	E	C	I	R	T	E	R	E	M	A	O	T	N
G	E	T	B	A	D	Z	O	C	C	O	L	A	T
T	D	H	O	T	A	N	O	T	T	A	B	N	C
C	O	F	O	R	P	U	U	R	G	L	I	A	N
L	N	E	C	I	R	T	I	T	T	A	B	R	L
F	N	C	O	O	S	A	G	Z	O	A	C	T	R
P	A	S	S	E	G	G	I	A	T	R	I	C	E
A	C	S	G	R	E	U	S	C	R	L	I	R	I
N	C	L	C	O	R	T	I	G	I	A	N	A	A
M	I	O	T	O	C	S	E	T	R	U	N	A	O
I	A	P	S	G	N	N	A	T	S	I	E	O	L

SOLUZIONE 39

A	L	N	E	E	S	O	C	I	O	A	E	O	M
L	L	P	U	S	E	P	L	O	S	C	T	A	O
L	S	Z	L	A	L	A	U	E	S	T	N	M	L
O	S	T	A	Z	S	O	N	O	O	I	E	O	L
M	M	P	M	O	I	Z	M	S	P	Z	C	C	U
A	I	A	T	O	A	E	A	S	Z	O	O	A	S
P	D	S	M	P	L	G	A	A	G	O	D	I	C
P	O	A	A	L	A	Z	S	O	O	L	A	E	O
A	L	L	A	C	N	E	P	L	O	C	R	C	L
P	L	P	A	E	G	G	E	I	L	O	D	S	I
E	A	C	S	A	Z	S	A	E	A	E	O	P	T
L	T	E	N	O	I	C	C	A	L	L	O	M	O
C	O	A	L	L	N	M	E	I	D	I	O	T	A
L	C	S	N	O	I	L	G	I	N	O	C	A	S

SOLUZIONE 40

D	D	E	L	I	N	Q	U	E	S	T	E	M	L
M	A	L	A	N	D	R	I	N	O	B	A	A	I
E	R	S	B	O	A	I	S	R	I	L	S	L	L
O	N	O	V	A	B	D	R	N	T	S	S	V	U
D	B	O	E	A	L	T	B	A	O	I	C	I	C
T	B	R	Z	T	N	O	F	E	A	I	A	V	O
E	A	C	I	L	N	D	R	O	E	A	P	E	A
P	T	D	I	G	A	A	A	D	I	A	E	N	I
P	I	R	E	P	A	C	F	L	O	M	S	T	A
I	G	E	O	T	E	N	S	R	O	E	T	E	O
S	R	S	T	A	B	T	T	A	U	N	R	A	P
T	E	P	E	N	N	S	B	E	M	F	A	E	V
A	T	T	R	I	B	A	L	D	O	E	T	E	L
B	S	B	A	N	D	A	T	O	C	T	O	A	T

SOLUZIONE 41

B	R	A	T	M	A	L	D	E	S	T	R	A	E
A	A	S	U	O	R	A	E	N	P	S	T	N	C
A	A	P	E	Z	Z	E	N	T	E	T	S	D	A
S	G	A	R	R	U	P	A	T	A	O	N	T	P
V	I	A	A	R	R	V	I	A	A	R	E	N	A
E	S	N	Z	R	F	T	T	T	R	D	I	E	C
N	B	T	V	N	D	E	A	A	P	I	T	A	N
T	A	A	R	S	A	T	L	E	S	T	A	I	I
A	N	G	O	F	F	A	R	M	U	A	Z	G	A
T	D	B	T	I	N	E	T	T	A	A	S	R	A
A	A	T	T	D	I	S	A	S	T	R	A	T	A
B	T	E	E	A	A	R	A	N	N	A	M	N	E
A	A	E	I	D	B	E	A	R	E	F	S	N	A
L	S	P	R	O	V	V	E	D	U	T	A	P	R

SOLUZIONE 42

D	S	A	S	P	S	S	E	R	P	E	N	T	E
N	N	E	P	A	S	P	E	N	N	A	T	O	N
S	N	E	E	A	R	I	N	N	E	G	A	T	O
L	I	S	O	R	A	T	C	L	B	N	C	O	I
E	E	N	B	O	S	O	F	O	E	S	I	E	L
A	O	F	F	S	T	E	R	E	F	N	N	E	O
L	N	E	A	A	B	A	L	E	L	A	A	I	N
E	E	R	A	F	M	I	N	A	E	L	N	N	A
S	B	N	G	A	P	E	E	U	T	E	O	T	N
F	C	T	E	S	N	O	E	L	T	O	N	N	E
I	N	V	T	F	G	N	E	N	L	E	R	D	E
N	E	V	E	N	D	U	T	O	E	A	N	E	G
O	I	N	F	I	N	G	A	R	D	O	T	A	O
A	N	A	B	B	A	G	A	T	L	O	V	O	L

SOLUZIONE 43

O	D	I	F	L	A	M	D	M	V	S	G	U	S
R	T	S	V	E	N	T	U	R	A	T	O	O	T
E	G	P	E	P	P	E	R	V	E	R	S	O	V
I	T	R	P	A	R	O	E	T	N	O	D	A	U
E	I	E	E	O	L	T	G	T	F	T	S	E	G
T	T	G	R	T	E	T	I	E	P	A	T	D	N
T	E	I	F	S	O	E	N	I	D	N	E	R	E
O	M	E	I	U	E	D	F	E	O	N	S	E	A
S	M	V	D	A	E	E	A	O	T	A	T	V	V
N	E	O	O	F	P	L	M	V	E	D	T	E	G
P	A	L	I	N	T	A	E	F	A	M	E	P	V
E	P	E	I	I	R	M	R	V	F	P	T	R	U
S	C	I	A	G	U	R	A	T	O	A	V	E	U
T	A	T	A	S	D	T	E	O	A	R	C	S	N

SOLUZIONE 44

S	M	P	I	S	C	I	A	L	E	T	T	O	F
M	M	C	T	N	D	M	T	C	A	N	E	O	P
I	N	U	R	O	G	E	A	R	L	O	L	T	O
D	S	I	I	C	P	R	N	G	U	F	O	A	P
O	P	T	S	A	A	U	A	L	P	F	T	T	O
L	O	G	G	T	A	M	R	T	E	O	R	O	T
L	T	I	O	O	A	S	I	I	O	T	O	D	A
A	C	A	Z	Z	O	N	E	A	I	R	E	O	R
T	M	E	M	R	E	V	T	I	L	E	I	T	E
O	O	E	T	P	O	I	P	P	O	I	S	T	C
N	E	O	R	Z	R	Z	O	O	I	E	N	O	I
O	D	M	R	D	L	O	L	O	C	T	E	S	R
T	T	E	E	R	A	D	L	L	E	T	N	C	T
M	E	R	L	A	O	T	O	C	L	O	P	F	C

SOLUZIONE 45

O	O	L	O	R	A	F	F	U	F	O	S	I	U
O	T	O	Z	N	E	U	I	E	D	R	I	B	O
O	F	P	N	O	L	B	N	M	T	C	U	O	B
E	R	P	L	E	T	O	M	I	U	P	B	B	S
N	F	P	A	T	F	I	N	O	L	O	I	E	O
O	F	I	F	F	O	I	C	L	A	S	M	O	F
L	O	F	U	T	P	L	O	O	A	N	B	L	O
O	G	B	O	M	T	L	L	I	N	O	R	P	B
D	O	T	A	G	I	F	S	N	N	E	A	A	O
O	P	S	V	A	M	P	I	T	O	F	N	P	O
R	F	M	N	G	I	A	P	A	N	E	A	P	A
B	O	E	R	O	T	A	F	F	U	R	T	O	F
S	O	S	U	O	I	B	R	O	G	S	O	N	T
T	S	Z	M	O	L	L	U	S	C	O	T	E	T

SOLUZIONE 46

R	R	O	A	B	P	O	L	T	R	O	N	E	S
A	O	L	C	A	A	I	L	G	A	N	A	C	C
N	O	O	E	C	A	O	M	I	G	E	G	O	H
G	O	C	C	U	I	L	I	A	I	C	U	M	I
O	O	C	P	C	R	E	T	I	N	O	R	E	A
R	A	O	O	C	N	R	C	B	O	B	A	Z	P
A	O	R	R	O	G	O	L	L	U	R	G	Z	P
C	U	B	C	O	D	R	O	L	A	B	N	A	A
N	G	S	E	P	O	A	D	P	C	N	Z	S	G
O	N	A	L	N	S	A	I	O	L	N	R	E	O
S	E	C	L	N	A	B	C	R	N	A	R	G	A
U	L	G	O	P	H	L	N	A	N	E	R	A	Z
A	N	O	L	O	H	O	A	A	A	A	Z	O	D
L	A	R	T	D	L	L	R	O	U	D	C	L	R

SOLUZIONE 47

N	A	A	P	Z	G	G	C	C	O	P	A	O	Z
A	Z	I	O	Z	S	B	A	C	G	C	P	B	P
G	S	A	P	T	B	A	T	D	O	Z	G	A	A
E	O	P	P	A	I	C	L	M	N	S	A	L	G
S	M	A	S	S	A	I	A	C	F	I	P	O	L
A	A	I	D	T	A	A	G	A	I	D	P	R	I
Z	R	Z	C	A	C	R	A	C	A	O	I	D	A
Z	A	E	I	I	N	A	C	B	N	A	T	A	C
E	N	C	A	Z	E	E	A	O	R	O	O	E	C
M	E	C	P	E	L	M	T	G	R	S	N	O	I
O	O	A	P	T	I	O	O	R	T	V	T	A	A
T	C	B	O	C	B	P	I	S	Z	A	A	S	G
Z	T	A	Z	A	S	L	D	A	B	O	A	A	I
L	N	A	O	S	A	A	I	I	L	A	G	G	O

SOLUZIONE 48

C	C	S	T	E	S	T	A	Q	U	A	D	R	A
O	R	O	C	C	U	N	G	E	S	A	E	F	R
R	C	I	N	V	E	R	T	E	B	R	A	T	O
A	E	V	S	A	I	O	N	T	S	C	I	R	A
S	C	R	O	C	C	O	N	E	R	O	O	I	S
I	A	A	G	A	I	O	S	C	O	L	S	E	O
C	H	O	S	C	C	L	G	R	S	A	C	N	O
A	O	U	R	P	A	R	A	S	S	I	T	A	P
C	S	E	B	S	A	N	G	U	I	S	U	G	A
N	L	O	S	O	F	I	H	C	S	A	R	I	O
H	E	N	O	I	C	C	A	R	T	S	A	C	O
H	E	R	T	O	C	A	N	S	R	A	T	T	O
I	T	O	T	A	C	I	T	A	F	S	O	C	N
S	A	C	C	A	R	C	O	T	I	L	L	A	F

SOLUZIONE 49

E	N	O	G	E	D	O	R	B	S	N	O	L	O
C	O	G	L	I	O	N	C	E	L	L	O	E	T
H	B	E	N	L	O	E	L	T	G	C	O	C	I
N	O	O	E	I	A	O	S	O	G	E	I	C	N
G	O	N	N	H	I	E	N	P	O	N	B	A	O
O	R	G	P	S	O	E	I	P	P	O	U	C	I
C	I	U	A	T	R	O	O	O	O	T	C	U	L
O	N	O	L	N	R	N	A	N	H	N	A	L	G
P	U	O	G	L	Z	O	R	E	E	E	I	O	O
C	N	R	N	P	O	O	N	R	O	L	O	O	C
L	P	C	L	G	O	T	P	G	P	O	L	N	N
N	I	P	R	G	U	N	L	N	I	P	O	P	I
R	O	U	B	G	I	L	L	E	L	O	N	Z	R
O	O	T	N	O	C	B	I	S	C	H	E	R	O

SOLUZIONE 50

U	N	O	G	E	D	O	R	B	S	S	C	O	O
N	R	S	R	O	D	O	A	P	O	A	M	M	T
M	N	N	O	O	N	A	I	C	B	M	O	D	S
N	U	C	O	R	R	L	L	S	D	O	D	S	T
O	O	S	O	N	O	C	O	T	C	S	P	T	R
B	A	O	E	R	A	I	O	N	N	O	E	O	U
N	P	O	O	R	I	E	O	A	C	T	M	R	C
C	I	D	O	P	U	R	N	C	A	G	N	D	O
O	S	O	S	O	I	O	B	O	I	E	O	I	N
N	T	U	C	P	M	P	L	A	N	O	U	O	O
T	O	E	C	T	O	L	R	A	C	G	N	R	O
N	L	S	C	C	I	O	P	O	P	A	A	R	O
A	A	O	C	C	N	R	O	C	N	E	N	C	B
I	S	O	A	T	R	A	C	E	D	O	M	O	S

SOLUZIONE 51

S	T	U	A	S	C	U	R	N	U	T	U	S	G
T	M	S	R	B	A	A	S	F	E	U	F	U	R
S	I	C	A	A	T	A	S	U	R	I	T	T	C
T	N	A	I	B	U	S	U	R	R	U	M	A	C
R	C	S	L	B	R	N	R	C	M	U	V	I	O
U	H	S	G	A	U	C	I	U	F	R	A	H	T
N	I	A	A	S	N	Z	R	R	A	A	C	C	A
Z	O	M	P	U	F	U	A	U	A	R	C	C	N
U	N	I	A	N	A	E	R	P	R	C	A	A	I
T	E	N	S	A	A	C	T	F	I	T	R	N	M
U	M	C	S	Z	N	P	R	U	P	H	U	R	I
T	A	H	A	Z	A	N	A	A	S	I	N	U	R
T	U	I	C	U	U	R	H	O	A	U	I	C	R
H	T	A	S	P	U	T	A	F	O	C	U	S	A

SOLUZIONE 52

D	D	O	U	C	H	E	B	A	G	K	F	L	E
I	I	D	U	M	M	K	P	O	F	A	H	L	C
C	I	S	K	L	S	C	H	W	E	I	N	A	O
K	L	O	O	T	Z	A	K	H	O	D	S	W	A
D	R	E	C	K	S	A	C	K	Z	F	G	O	Z
C	O	B	C	U	O	K	C	A	B	R	O	N	E
K	A	B	P	H	N	O	L	K	S	W	K	K	F
F	H	S	E	P	P	E	N	D	E	J	O	D	F
N	S	C	H	L	A	M	P	E	E	P	L	E	A
A	O	E	E	I	K	E	L	R	E	D	L	S	L
H	S	R	F	N	A	R	S	C	H	L	O	C	H
F	C	D	H	U	N	O	O	O	M	I	D	U	D
C	A	P	O	H	N	Z	N	B	E	S	S	G	U
E	C	G	O	F	U	D	I	D	O	C	I	E	E

Riepilogo

Ricopia qui le tue preferite per i momenti di necessità

Printed by Amazon Italia Logistica S.r.l.
Torrazza Piemonte (TO), Italy

64368805R00058